JN255725

社怪学的読書論

シニアのための身になる図書室

植沢淳一郎

【目　次】

第一閲覧室　書物と活字の部屋

第二閲覧室　推理とSFの部屋

第三閲覧室　本とその周辺の部屋

装丁　新田純

第一閲覧室　書物と活字の部屋

■まえせつ■

この閲覧室では、書物と活字（活字中毒者）について拘ってみた。

勿論、拘るといっても、専門的に紙や活字、印刷等について分類や分析、今後の展望などを行なうのではない。興味関心ある書物（旧刊や新刊）について、謂わば書籍を取り巻く世界に社怪学的な考察を行なってみたものである。

そこで、古本屋や新刊書店といった（リサイクル書店やネット書店なども含めて）ハード面から見て取れる文化状況及び単行本や雑誌類などメディアのコンテンツ、ソフト面をとおしての社会の有り様を探ってみることにした。

書物も時代と共に生きている。古代エジプト・パピルスの頃より人間は記録を残し、グーテンベルクの印刷術の発明によって情報を共有することで発展し、本という形態に辿り着いた。紙の手触りや印刷の匂い、活字や挿画、表紙や装幀といった本の美しさへの想いも、派生的に発生し、紙の本に拘る人間を魅惑し続けた。

今後、書籍がどのような形となっていくのかは定かではないが、単に情報だけを受け取り、発信するだけではない何かがなくては、読書の面白みには欠けるのだろう。

古本屋商売の難しさ

最近、定年退職後に古本屋でもとか、喫茶店を兼ねたこじんまりとした古書店でもしたいが、どうだろうか、といった願望というか相談のようなものを受けることが多い。かくいう筆者も、一万冊近い本をこれ以上増やさないようにと、年に何回かは、古本屋やブックオフへ持って行き二束三文で売り払っているわけだが、それを公開して、コーヒーでも飲みながら閑談でも出来るような場所（私設文庫のようなもの）を作ってみたいと思わないこともない。が、何せ先立つ資本金がないし、また、利益は上げなくとも赤字にならない程度に客が来てくれればいいのだが、それは田舎ではかなり難しいようだ。テレ朝の「人生の楽園」といった定年後に第二の人生を始める老夫婦の日々が放映されるのを観ても、喫茶店とか食事処はあっても、古本屋という商売を始めるのは今まで目にしたことがない。人口の多く人通りの多い都会でこそ成り立つ商売といっていいのだろう。

ある本に寄れば、現在の読書人口の大半は定年後の老人だそうだが、それはどうも疑わしいような気がする。確かに、近くの公共図書館には定年後に何もすることのないような老人が朝から来て新聞や週刊誌を読んでいたりビデオ視聴したりしているのを多く見かける。それも、七〇歳以上くらい？　で、殆どは男性ばかりだが……。図書館もきれいになって大理石のトイレやゆったりしたソファで寛げるのは有り難いことではある。

また、若者の活字離れというのも確かなようだ。かつては、筆者も含め四半世紀以上昔の学生は、汚い四畳半の下宿で風呂は銭湯、便所は共同でも専門書を多く並べた本棚はあって、新聞もとっているのは当たり前、二紙併読することもした。が、我が息子らの様子を見るにつけても（大学も郊外に移転したせいで下宿も豪華なマンションとなり一Kバス・トイレ付）今やスマホ、パソコンのみで情報は十分事足りると活字は一瞥するにすぎないものになり下がっているようである。

だが、活字を読まないのかといえば違って、少ない小遣いでも本は買っているようである。マンガが多いのは確かだが……。老人の方はといえば、少ない年金生活のためか図書館で只で本は読むものと心得ていて、買うようなことは全くない。それは新刊書店に行ってみればたちどころに分かる。若者ばかりとはいわないにいしろ、せいぜい中高年まで。老人は殆ど目にしない。ただ、ブックオフなどでは時々は見かける。（筆者もその一人ではあるが）今さら何をと、興味関心がなくなっているのだ。

どちらにしろ、今は本（新刊本）の売れる環境にはないらしい。何しろ、地方では小規模の街の書店が三〇年前の三分の一にまで減少しているという。大型書店やネット、コンビニに押され売り上げは二〇年前の半分にまで落ち込んでいると。家族経営でもやっていけないらしい。そもそも本が売れないのだ。雑書高低は昔日の話、今は雑書低々といった状況で、発行点数こそ多くはなっているらしいが、一点当たりの部数は落ち込んで、数百部〜数千部、万を超えれば当たりで、一〇万部を超えれば大ヒットといったようなことで、出版不況の嵐は止みそうにないらしい。だからといって、古本屋が繁盛しているかといえば、さにあらず。街の新刊書店同様に街の古本屋も厳しい状況にある。若者の興味は漫画本で、質量共にブックオフには敵わない。専門的な（近代文学など）書籍に特化出来るのは都会のみ。地方は一般書というか雑本しか売れないのだ。その品揃えはかなり難しい。

そんななかで、敢えて危険を冒してまで古本屋を立ち上げるのは極めて困難で危険である。利益・採算を度外視するにせよ、せめて維持費くらいは、はじき出せればとは思っても、田舎の小さな古本屋では経営が成り立たないのは目に見えている。人口減少で人がいないところへ持ってきて、通勤はクルマだから人が来ない。数台分の駐車場を完備するには費用もかかる。どこかのモールのようなところにテナントで入れば別だが、家賃ほどの売り上げを望むのは到底無理。それなら、ネット古書店のようなＩＴ古物商はというわけだが、ただ本の売買をしたいのではない。人で賑わうとまでいかずとも人気（ひとけ）のある古本屋、ちょっと立ち止まって客と世間話でもしてコーヒーでも飲めるようなカウンターでもいいから、そんなコーナーのある洒落た感じのする店をこそしたいのであるが……。

悲しいかな、まぁ現実的には有り得ない古本屋を夢の中にでも描いて愉しむくらいが、実際のところで、その辺で満足せねばならないのだろう。

古書の発掘と顕彰

～幻の作家と作品・山下　武主宰の「蚤の市」のことなど～

本項で取り上げるのは、忘れられた作家であったり、幻といわれた作家の作品、著作物である。勿論、今回は、その一部で経過報告といったものにしか過ぎず、今後の課題として取り組んで行く予定である。

ところで、時の経つあまりの速さに、つい先頃まで売れっ子などといわれ、マスコミなどにもよく顔を出し、流行作家などと喧伝されていたものが、既に過去の知られざる物書きとして記憶の片隅にさえ残っておらず、忘れられようとしている現実がある。ましてや、かつて二流といわれたような大衆作家や寡作な文士、短命に終わった小説家たちは、近代文学史や文壇史から弾き出されて、まさに忘却の彼方に消え去ろうとしている。優れた作品を残した作家とて例外ではないのだから。

そんな作家や作品を再評価し、表舞台にとまでいわずとも、せめてその痕跡を刻むことで、幻に終わらせまいとの強い思いから著述に励んだのが、山下武その人なのであった。氏によれば「忘れられた不遇な作家たちの紙碑を建ててやりたいという気持ちが書かせた」とも言っているように、その思いは執念に近い。しかし「この文学と書誌学との結合という、新しい分野の開拓は……労多くして実り少ない仕事である」とも述べている。なまなかに取り組んで出来るものでないことだけは明白なのだ。不肖の弟子としては、そんな氏の労作を再度見直し光を当てたり、新たな息吹を少しでも吹き込んだりすることが出来れば、その遺志を引き継いだことになるのではとの思いがある。が、果たしてどこまで出来るのやら、確たる自信があってのことではないのだが。

ところで、筆者が（個人的に）山下武その人を知るようになったのは『古書礼賛』（昭和六一年・青弓社）に出会ってから以降で、その後に（手紙のやりとりから新刊案内や資料等を同封も出来るのでと）「蚤の市」という古書交換会を紹介されたことなどが契機であった。会員としては遅れて入会したひとりであったといえよう。それから後に『書物万華鏡』（昭和五五年）や『青春読書日記』（昭和五六年）などの著作があることを知り、すぐに買い求めた。勿論、古本界のご意見番として、また書物評論などで名前だけは存じ上げてはいたし、紀田順一郎との共著の大冊『現代読書論一・書物と人生』、『現代読書論二・書物と生活』（共に柏書房・昭和五六年）の二巻本は所蔵し、その博学ぶりには感心してはいたのだが。

ともかく、それ以降、山下ファンとなり、会員の集う「参土会」へも出席したり、機関誌『さんどりあ』（二〇〇一年・平成一三年～）にも投稿を始めたりした。愛書家向けの古書エッセイ『古書礼賛』をはじめとし青弓社からの「古書～」と銘打ったシリーズ本を立て続けに八冊も上梓すると同時に、他社からも作家業の仕事として長編小説『異象の夜に』、観念小説『幽霊たちは〈実在〉を夢見る』などを出版してくれ大いに満足させられた。氏もテレビ朝日のプロデューサーを辞めた後らしく、芝浦工大での文章論の講座（『日本文章史論』・啓文社・昭和六〇年）を持ちながら作家専業となって、正に油がのり始めた頃といってもよかったのだろう。書物評論関連の本では『書物熱愛』『探偵小説の饗宴』『「新青年」をめぐる作家たち』など古本マニアや古書愛書家、探偵小説ファンなどに「巻措く能わず」の本を次々と出してくれた。加えて幻の作家や忘れられた作家などを発掘する研究にも精を出すなど労作は、氏ならではの独壇場でさえあった。筆者としては、古本界を巡るウラ話や古書展や古書市へ出掛けたときの四方山話の方により興味を惹かれ、貪るように読み耽ったわけだが、どちらかといえば、非正統派のファンの方であったといえよう。が、このような思い出話を綴っていると、肝心の本論へは、いつまで経っても辿り着けなくなる危険性があるので、内輪話はこの辺にしておきたい。

最後の著作となったと思われる『書斎の憂愁』(二〇〇九年・一月)の中に「愛書家交換会・蚤の市奮戦記」という章があるので、会報の創設時から終わりを迎えた一一一号、そして二〇〇〇年一〇月の活動停止までを簡単に振り返り「蚤の市」については了としたい。

・「蚤の市」古本交換会のことなど

そもそも「蚤の市」は、エゲツない古本屋の商法に大切にしてきた蔵書を二束三文の捨て値で買い叩かれることに、何とか出来ないものかと考えたことによって始まった。いっそのこと同じ処分をするなら、愛書家同志が不要の書物を持ち寄って交換したほうがマシではないか、とのことで生まれたのだという。それが、昭和四七年の春のこと、（ちなみに、筆者は当時、山梨の甲府一高で学んでいた童顔の青二才であった）出席者は二〇名程度の顔馴染みの内輪で行なっていたらしい。が、そうは出品は続かず、昭和四八年の七月以降は、会報形式となり会員も全国からとなり一挙に六〇〇名を超えるほどになったという。それからおよそ四半世紀以上にわたって継続したことになる。先輩格の盛岡古書交換会が三三号、一〇年間だったことを考えれば、その三倍、気の遠くなりそうな長期間であった。それに事務局などといっても、氏が一人で切り盛りしてきたわけなのである。筆者も、いくつかの同人誌や個人雑誌に近いようなものを切り盛りした経験があり、孤独な作業は身につまされる。ところで、これについては紀田順一郎が、会報（古書目録）にできれば古書に纏わるエッセイやコラムなども一緒に掲載すればより充実したものになるであろう、という提言をしたことが想い出される。会報には会員諸氏のぼやきや嘆き、得した話など古本に纏わる「声」のような欄はあっても、少し纏まったような文章を掲載する余裕があればとは、筆者も含めて何人からか提言はあったようなのではある。が、そこまでせずに割り切ったからこそ（編集の手間もかなり省けて）長続きしたともいえる。一人三〇冊以内という掲載料のことも考えれば当然でもある。

とまれ、氏が書き物の合間を縫っての正にボランティア活動だったのには驚かされる。また、会員有志と観光も兼ねた蒐書ツアーを組んで日本各地の古本屋をサーキットしたこともあったらしい。中には古本屋開業に備え「蚤の市」で品薄のミステリーを安く大量に手に入れたものや、古本屋が愛書家を装い堂々と表口から入会する例など会員も様々であったという。苦労話といえば、ガリ切りでこそなかったものの印刷タイプ、後にワープロパンチャーに発注するも誤字や判読不能な文字（グニャグニャの草書体）で書きなぐる不心得者も多く、電話や手紙でやりとりをしたり、譲値にしても桁のあやふやなものもあり、校正は大変な作業で、目に見えない苦労はなまなかのものではないことが分かる。筆者も同業の者として、この辺の苦労はよく了解出来るのである。勝手に送っておきながら「判読はしっかりせよ」ではたまったものではないのだが、こういった手合いは結構多いものだ。

とはいえ、こんな苦労も、

「『蚤の市』でかねてから探求していた本を安く入手出来ました」とか、「思ってもないほどの収穫あり」、「半数近くの古書が適正価格で売れて書物整理が出来ました」、「四季の変わり目の楽しみとして必須のものなので金額を上げてでも是非……」といった嬉しい便りに励まされたからこそ、続けられたのだとも……。

現在、「蚤の市」なき後は「ブックマートクラブ」（主宰・田ヶ谷雅夫）という形で似たようなシステムで行なわれているが、会員諸氏の高齢化は急速らしく、であるからこそ、ペーパーによる「古書目録」形式は、貴重ともいえるのだと。インターネット流行の昨今ではあっても、パソコンというシロモノがなくてはならず、また、目的外の古本・古書を漁るといった醍醐味はそんなものでは得られない。勿論、見ず知らずの本を、タイトルに惹かれて買ってガックリしたこともあるが、それでも、古本漁りの楽しみは、古本屋巡りに同じく止められない病である。限界は近づきつつあるようだが、この時に居合わせることが出来た経験をこそ有り難く受け取り、あの世への土産話にでもなれば、それで良しとするしかあるまい。

いよいよ、これから幻の作家を順次取り上げていくことにする分けだが、折角『書斎の憂愁』（日本古書通信社）を紐解いているので、そのあたりから興味津々の記事をとりあげてみていくことにしたい。

・「探偵作家・橋本五郎の罪と罰」より

橋本五郎（別に荒木十三郎）は筆名で、本名は荒木猛。明治三六（一九〇三）年に岡山の牛窓町に生まれ日大美学科を中退。兵役除隊後の大正一五年『新青年』の懸賞に送った短篇小説が採用され、昭和三年から七年まで博文館に勤務。『新青年』編集部在籍中にも作品を発表、長篇小説に「疑問の三」（昭和三年・新潮社）がある。戦後は筆名を女銭外二（メゼニソトジ）と改め、細々と執筆活動を続け、昭和二三（一九四八）年に没したとのこと。

作品の方はデビュー作「レテーロ・エン・ラ・カーボ」といった気取った題の作品の評判は良かったらしい。が、乱歩によってもその後は問題作もなく、（偉くもならず、消えもせず、死ぬまで、探偵作家で終わった）あとの続かなかった作家と評価は余り良くない。しかし「それでいて、二十何年探偵作家仲間に加わっていたのは、荒木君の人柄がよかったためであろうか、初期には森下雨村さんに愛され、戦争中は甲賀三郎君が面倒を見ていたように記憶する」と（乱歩の）『探偵小説四十年』にはある。発表誌は『新青年』が多く『探偵趣味』『ぷろふいる』など。山下の評価も長短篇二〇余の作品を読んだが、どれも感心するようなものではなかったとして、二流の探偵作家としている。筆者も『探偵趣味』をはじめ数誌に掲載された作品に目を通してみたが、同様な感想であった。当時の作品とすれば水準以上であったから掲載されたのであろうが、後世にまで残るかといえば、難しいであろうように思われる。内容的にはミステリーなのであろうが、変格ものといった方が適切で、どちらかといえばＳＦのショートに近い。凝った表現、仰々しい言い回しなどに見られる工夫も大時代な感じがして、内容とそぐわずチグハグ感も見えて、イマイチの感は拭えない。同時代の作家と比べても、際立った特徴もなく、見るべきところは少ないように思われる。

ところで、氏がタイトルに「罪と罰」と名づけたように、作品のことより興味深いのは、博文館在籍中の昭和七年突如岡山へ引っ込んだことであった。詳細は省くが、不良の実弟を殺したことが関係しているようなのである。武野藤介の「文壇餘白」から山下が乾信一郎に問い合わせてみたところ、明らかになったらしい。

それは、何かのことで口論になり、突き倒したところ、うしろにあった箪笥の角に頭を打ちつけ、それがもとで死亡……人殺しとなったというもので、判決は執行猶予だったと。推理小説によくあるような偶然の事故がたまたま人の死に繋がるという、殆ど現実には有り得ないような話ではあるのだが……。この点は、鮎川哲也の見解…祖父が病気で急に亡くなり岡山の牛窓で祖母の面倒をみるため親孝行のつもりで帰った（『幻の探偵作家を求めて』・晶文社）……とは異なっているが、実際は山下の情報と類推の方に軍配を上げざるを得ないだろう。不良化した弟を心配する兄といった「賢兄愚弟の実弟殺し」であればこそ、執行猶予の判決になり、文壇からホサれるといった社会的制裁を受けずに済んだといったところのようである。

閑話休題。

実は、この話は筆者にも酷似する経験があり、恐ろしくなってしまったのだ。それは、中学時代に母親に反抗、口論から暴力を振るってしまい、母はうしろにあった箪笥の角に頭を打ちつけてしまった。母親は意識を失いかける程の大怪我を負ったにも拘わらず病院にも行かず（幸い死にもせず）、息子である筆者を庇ってさえくれた。青春の蹉跌どころではなく、筆者は殺人者となっていてもおかしくはなかったのである。当時はまだ尊属殺人の刑があったのだから、死刑・無期刑になってもおかしくはなかった。（但し、中学生であったことを考慮すれば少年法の扱いを受け、少年院行きにでもなったか？）母親への反撥、反抗期などといって済まされる問題ではなかったのだ。その後、高校時代になっても、精神的に疾風怒濤（シュトルムウントドランク）時代は続き、母親には精神的・肉体的に暴力を振るって困らせた。テレビなどで家族や親族の殺人事件が報道される度に、我が身を振り返り、懺悔の念にかられる。どの家庭でも一歩歯車が狂ってしまえば、取り返しのつかないようなことになりかねない状況があるのではなかろうかと案ずるのである。

さて、話がそれてしまったが、鮎川の関心も、戦後、筆名を橋本五郎から女銭外二（メゼニソトジ）にした謂れを訊くことにあり、わざわざ岡山にまで出掛けて、お嬢さんの戒子さんにも会ったものの「意味までは訊くことがなかった」との回答の由で、結局分からずじまい。これに対して山下は、漢籍か中国趣味にあったのではないかと推量している。なぜなら相当に中国文学に精通している様子が彼の小説から読み取れるというのだ。また奇姓趣味があったことも小説から読み取れるという。

尚、晩年の橋本五郎は、肺肝の寝たきり状態になり、女銭外二と改名、再出発を期すも『眞珠』に創作一篇、随筆二篇を発表したのみで、昭和二三年六月二九日に四六歳でこの世を去ることになったという。

実人生の方が作品よりもミステリアスであったという皮肉な結果といえなくもないし、当時としては、それなりに一応知られた作家として重宝がられもしたようだが、再出発後に病に臥してしまったことは何とも惜しまれる。ともあれ、時代の闇に消えていった幻の探偵作家であったことだけは間違いない。

・「九鬼紫郎（九鬼澹）氏を偲ぶ」より

筆者が九鬼紫郎（本名：森本紫郎）という名前を知ったのは、昭和五三、四年頃であったか。

金園社から出た『探偵小説百科』(初刊・昭和五〇年)を手にしたときであった。こちらは、SFファンからマニアになり始め出した頃であって、これから少し経って「ハガジン」というSFファンジンを引き継ぎ、「オングストロームの会」を主宰していくことになった。そんな頃であったから、かれこれ半世紀も前のことになる。

『探偵小説百科』に次いで小中学生向けの『推理小説入門』(昭和五四年)も読んだが、当時、推理小説やミステリーには全く昏かったこともあって、大いに助かった。(但し、索引が不備なのが何とも惜しまれるのだが……)読んで愉しめる構成(探偵小説の歴史や分類にはじまり、探偵雑誌紹介、タブーやトリックの解説に至る迄)になっていると同時に、作家紹介では顔写真も(解説や梗概も要領よく纏められて)掲載されていたので、事典としても読物としても大いに役だったことを覚えている。

九鬼に寄れば、当時この本を書くときには、殆どの書物を処分した後のことで、苦労したと書かれてあった。それというのも、鷺宮から武蔵村山市へ転居の際に蔵書の大半を捨て値で売り払ってしまったことで、クイーンやストランド誌は取り返しがつかなかったらしい。

こういったものを書く時には、資料本や雑誌のバックナンバーなど現物が必須になってくるのだ。それでも、これだけのものが二年半かかったとはいえ単独でできたのも、かつて『ぷろふいる』の二代目編集長であったことや、多くの探偵小説や時代物を多作してきた経験が物を言っているからだろう。

その九鬼も亡くなって早二〇年近くになろうとしている。正に光陰矢の如しである。

山下によっても一九九八年の賀状を出して初めて亡くなったことを知ったという。

「ちかごろの人には馴染みが薄いと思うが、九鬼氏は戦前の探偵同人雑誌『ぷろふいる』(京都)の編集に携わる一方、自身も甲賀三郎門下の高足として作品を発表するなど、探偵小説界の発展に尽くした斯界の元老であった。戦後も復刊『ぷろふいる』や『仮面』の編集に腕をふるったが、その本領はスリラー風の通俗読物の執筆にあったと思う。現代物、時代物の別を問わず、いったいどれだけ著作があるかわからないほど、ユーモラスな味を盛った豹助もののシリーズや、探偵小説と怪奇趣味を織り混ぜたB級エンターテインメントを量産したものだ」と。

ところで、山下の記事で興味惹かれたのは、他でもない甲賀三郎の推薦する門下生の野島淳介の作を九鬼が『ぷろふいる』に掲載しなかったことが、師匠の怒りを買い、『ぷろふいる』の廃刊に繋がったという事実である。公には、オーナーの京都の呉服商・熊谷晃一が相場で失敗したことが廃刊になったということになってはいる。(『こんな探偵小説が読みたい』・鮎川哲也)だが、実際は甲賀の怒気を漲らした罵詈雑言に(探偵作家満座の宴席で)九鬼が耐えている姿に、私費を投じて雑誌を経営してきた空しさを感じたといったことがウラにあったらしいことが窺われるのである。

そして『ぷろふいる』廃刊後は、九鬼澹(くきたん)名義で貸本屋向けのスリラー(ユーモア・ミステリー)を書きまくったという。またハードボイルド小説「青児」シリーズ(六冊)では、主人公の白井青児は探偵事務所に勤め、高級アパートに住み、外車を乗り回し、グルメな美食家という設定なのだそうな。また、時代小説も多数手がけ(五〇冊)、捕物としては「稲妻左近」シリーズ(一〇冊)が代表とされる。この頃が最もエネルギッシュに活躍したようだが、その後時代は、すでに社会派となっており、九鬼の書くものは、どうしても安っぽい活劇調になってしまい、次第に忘れられた存在になっていったらしい。

しかし、晩年になっても(六五歳を過ぎた頃からも)探偵小説の再勉強をして、まとめあげた『探偵小説百科』や『大怪盗』(昭和五五年・光文社)などの著作に見られるように、矍鑠(かくしゃく)とした姿があったという。平成九年一一月八七歳で逝去した。

それにしても、誰か昭和五〇年以降から平成の今日に至るまでを書き足した『探偵小説百科』の改訂版を出してはもらえないだろうか。

《P・S》

『山下　武選集・上下二巻』(植沢淳一郎編・A五版・各巻五〇〇頁)

刊行の趣旨

古本界のご意見番であり、実存主義の作家でもある山下武の著作は『古書の憂愁』を最後に、氏の逝去によって流布されている著作は存在しなくなってしまった。そこで、過去の数多の著作から再構成・再編集をすることで、評論やエッセイに清新なる息吹を吹き込むことが出来るものと思われる。そのことで、過去の事績に目を開かれる読者も出て、新たな古書愛好家・古本マニアを獲得することにもなるであろうと思われる。筆者のような山下ファンもまた、新編集になった文章や解説等を読みたい者の一人ではある。山下文書の最愛の読書人である植沢こそが、最高の選定と解説を試みることに相応しいと思うのではあるが……。

（ご賛同頂ける出版社があれば、ご連絡をいただきたい）

篤学者の人生と栄光

～教養主義時代の読書法と田中菊雄の生涯～

…田中菊雄『現代読書法』（講談社学術文庫）…

平成の今となっては、田中菊雄といっても殆どの方は耳目にしたことさえない名前であろう。一九八八（昭和六二）年に講談社の学術文庫に『現代読書法』が編入されてからでさえ、四半世紀以上の年月が経っているのだ。無理もないことである。

読書法の入門書として『現代読書法』が江湖に迎え入れられたのは、戦中から戦後の一〇年間くらい迄ではなかろうか。わけても一九四二（昭和一七）年の初版刊行時には、小学校教員に熱心な読者を獲得したらしいが、それは小学校卒でありながら刻苦勉励して艱難辛苦を玉にした篤学者への強い憧れがあったからではなかろうか。戦後になっても、上級学校に進める者は極々限られた一部のエリートであって、田舎では尋常高等小学校から旧制中学校に入ることさえ容易ならざるものがあったといえるし、そんな貧しい時代背景があったればこそ、厳しい境遇で這い回っている向学心に燃えた独学者に読まれたともいえよう。

さて、田中菊雄が編纂に加わった（というより殆ど一人で編纂した）一九三六（昭和一一）年初刊の『岩波英和辞典』（共著）であるが、現在では絶版になっているし、また後継の英和辞典の編者も代変わりしているので、既に彼の名は存在してはいない。時代の変遷でやむを得まい。これこそ彼の代表的著作といっていいのだろうが、辞書であるからには（当時としては語源情報に詳しいと定評があったようだが……）個人の主張は見られないし、個性を際立たせることもない。例え編者に名を残していたとしても、忘れられた存在であることは免れ得ないであろう。辞書についての感動的なエピソードは後に譲るとして、ここでは田中菊雄という篤学者の著した『現代読書法』について記していきたい。

個性を抑えた英和辞書に比べれば、この『現代読書法』は、その際立った個性の主張で多くの独学者に希望と勇気を与え得たことは論を俟たない。戦後も一九五三（昭和二八）年、一九六一（昭和三六）年と改訂版も出て版も重ねたようであるから、二〇年の長きにわたって多くの読者の琴線に触れた読み物（ロングセラー）であったことは間違いない。貧窮の生活のなかでも、挫けることなく向学心を燃やし続けた半生には共感を通り越した畏敬の念さえ感得せられるものがあったに違いない。それは、別の書『私の人生探求』に寄れば、或る小学校の先生が出版社に電話して上京、非常な苦心をして田中氏を探し当て、その書物（『現代読書法』）の喜びを語ったというのだから、当時においては多くの信者といえるような熱心な読者を獲得していたことが窺える。

そのような状況を、ここでは紀田順一郎の『名著の伝記』の「書物と人生を語る」から一部引用させていただく。

昭和五〇年（一九七五）四月二日付の「東京新聞」は、前月二九日に八一歳で死去した田中菊雄（山形大学名誉教授）の生涯を、八段抜き二頁にわたって報じた。「ある苦学徒八一年の奇跡」と題する記事は、彼が一九〇七（明治四〇）年、高等小学校の卒業さえも待たずに列車給仕となり、やがて代用教員を経て中等学校英語科教員検定に合格、つづいて高等学校教員のそれにもパスして高校教授となり、『岩波英和辞典』（共著）を完成し、ついに大学教授になるまでのプロセスを描いていた。「……典型的な明治人の立志物語であった」と記し、「……したがって、時代の環境の異なる戦後の世代が、これらの記事にどれほどの印象をうけたかどうか、甚だ心もとない気がする」と、当時の時代状況から氏は分析をしている。

昭和五〇年といえば、筆者がまだ大学生であった頃で、思えば大学紛争は下火になりつつあった時ではあっても、反体制・反権力の嵐はどこの大学でも吹き荒れていて、このような篤学に満ちた学徒の話などには、目を背けこそすれ共感などすることは有り得なかった。寧ろ、我が父親などの年代の者にとってなら、共感するものがあったのではと思われるのだが……。

確かに、立志伝などというものは当時のゲバルト学生らには受け入れられるものではなかったし、サクセスストーリーのようなものは流行らなくなっていた（反知性主義の時代の）雰囲気が満ちていたことは間違いない。それが証拠に「昭和五〇年代の読書論ブームにおいても、あまりに教養主義的で当世風でないとの理由で再刊は実現しなかった」という記述が見られることからも分かる。むべなるかなと納得せざるを得ない。俗な修養的な書物を読んだりするのは、恥ずかしいというのが、当時の定説であったような気がする。

それから、一〇余年後に講談社の学術文庫の一冊という形で古典の扱いを受ける様になってみれば、その実践的で経験知に即したノウハウに満ちた読書論は、他の追随を許さぬ独創に富んだものであることを発見するのである。とはいえ、昭和五一年にブームを巻き起こした渡部昇一の『知的生活の方法』（講談社現代新書）にも教養主義的な匂いがあり、ベストセラーとはなったものの、その評価は相半ばしていたことを考え合わせれば、読書論というような謂わば技術的・ハウツー的な面の多い書物でさえも時代の雰囲気に大きく左右されがちなことを感じないわけにはいかない。

ところで、『現代読書法』に見られる実践的なノウハウは、氏の幅広い読書経験（英文学はもとより漢学などに親しんでいたこと）のもたらした恩恵に負うているといえる。第一章から三章までは「読書に法があるか、何のためにするか」といった本質論に迫るもので六章から九章までが「読書の方法」つまり精読、多読から摘読、カードなどまで、一〇章では「読書と時間の利用法」、一一章では「図書館の利用法」などを、また書籍についても、選択や購入法から貸し借り、取り扱いに至るまで全三四章、微に入り細にわたっている。これらの懇切丁寧な章には全てに古今東西の著名な作家・評論家の一節が引用され自説の補強に貢献している。筆者が、特に心打たれ愛書家として共感の念を禁じ得ないのは三一章の「書籍購入法」の次の文章である。長いので要約引用する。

「書籍が思うように買えたらなァ」という焼けつくような思いに日夜を過ごした時代が私の人生の春であった。私はただこの一すじなる願いによってあらゆる誘惑から護られたのである。……はじめて訓導の辞令を戴いて月俸一八円を給せられた頃……旭屋という書店の棚にセンチュリー大辞典一二巻がずらりと並んでいた。……旭川市に出る毎にこの辞典に燃ゆるがごとき視線を投げた。読書中の不明な語や固有名詞を書店に行っては引いて見るに愛着はいよいよ募る一方で、ついに恐る恐る書店の主人に代価を伺ってみると、八拾円と答えた。……と同時に私の胸は燃え立った。さらにまた幾日か煩悶の日が続いた後で、……月賦購入の便を図ってくれまいかと依頼した。……一二巻の黒背革の立派な辞典が客馬車に乗って旭川市から二里を距つる私の村の屋根裏の一間に到着した時の感激は、真の花嫁の到着もはるかに及ばぬものであった。それからの一ヵ年、私は真に沢庵漬以外の馳走を食膳に上せたことはなかった。『人常に菜根を咬み得れば百事做すべし』の一言を私は文字通り実行したのであったと述懐している。

欲しい本、それも高価な書籍であれば尚のこと購入のためには無理をして節約をするというようなことは愛書家や古本マニアなら誰しも経験はあろう。筆者も学生時代より何度かそのような辛い思いをしても、どうしても欲しい本を手に入れた時、天にも昇るような喜びに浸ったことがある。が、それを一ヵ年にわたって、好きな食事を摂らずに沢庵漬だけで我慢したというのは、真似しようともなかなか出来るものではない。いかに書物愛に満ちた篤学の徒であるかが分かる。

さて、先に「辞書についての感動的なエピソード云々」と述べたが、それは、氏が三八歳の春に旧制山形高等学校教授となってから七年間、島村盛介主任教授の下で岩波英和辞典の編集に従事したときのことである。本人も「これは私の一生における絶大の修業であった」と述べているように、夜一〇時までオックスフォード辞典の翻訳やらディスカッションに費やし、目がつぶれるならつぶれろというほどの力の入れようだったという。そして、いよいよ辞典が完成した時に「君はこの七年間実に苦労をしたが、どんな辛い時でも、決してただの一度も私ににがい顔を見せたことがなかった。これだけは中々できないことだ」と島村教授より賞賛された。「私は生まれてこの方、恩師のこの一言以上の賛辞をいただいたためしがない」と喜びを吐露しているが、無理もないことであろう。まさに常人には出来ないことであることは間違いないのだから。

以上見てきたように、田中菊雄の生涯は、忍耐と努力、刻苦勉励に励んだ人で、まさに「我

に七難八苦を与えよ」を実践した人生であったといえよう。それは『私の人生探求』においても、

「ひたいに汗して働くということの中には、常に感激があり、希望がある。どんなつらい仕事でも、自分に職業が与えられているということは何たる感謝であるか。この感謝の気持ちがつらい仕事をも世にも楽しいものとさせてくれるのである。そしてこの職業を通してわたしたちが社会に奉仕することのできる……その喜びは何ものにもたとえられない」

と、述べていることからも了解できよう。但し、倹約ということに関しては、本好きで愛書家であったことから、俸給に関わらず無理算段をして辞典や高価な書籍を購入して家人を困らせたことが何度かあったらしい。また、書斎の整理は苦手だったらしく、奥さんのたい子さんによれば「書斎は、足の踏み場もなく新聞も朝日・毎日・読売に英字二紙を全部とっておくのだから、山のようになってしまい、屑屋さんを呼んで売り払ったら、あわてて取り戻してこいといわれたこともあった」と。また「貧窮な生活でも蓄財を考えない人であったために『岩波英和』が戦後売れてからは、やっと経済的に潤うようになって大助かりであった」と洩らしていたとのこと。これらのことについては、凡人である筆者も似たような経験があり、ホッとさせられるのだが……。

最後に、『現代読書法』は戦前は小学校、戦後は高校の先生によく読まれたようだが、

平成の今の世では、果たしてどのような読書論が必要とされ、読まれるのであろうか。書店に行けば、金儲けや出世に結びつくような速読などに重点を置いた実利的で安直な読書法やビジネス本の要約というか書評をまとめたような単行本（ビジネス書もどき本というらしい）がやけに目につく。が、それらは、苦労しないで手っ取り早く結果を得るための（レバレッジのとれるような）成果主義的な読み方に若干のノウハウを加えただけのエッセイに過ぎないような安手のものが殆どである。残念ながら、繰り返し読むに堪えられるシロモノではない。何しろ読者の血肉になるような滋味溢れるような内容のものは殆ど見当たらないので、愛着も湧かなければ共感も出来ないのが現実のようなのだ。

平成不況は定着し、アベノミクス効果は大手企業と極々一部の人達を潤したのみ。雇用が増加に転じたといっても、内実は正社員は減少し、給料の安いパートやアルバイトの非正規雇用の増加とあっては、とてもやりきれたものではない。強者を助け弱者を挫く自民党の安倍政権では、これから将来に希望の持てるような見通しはとても立ちようがない。とはいえ、今の政権への批判や愚痴のような話で終わっては余りにも建設的ではないので、報恩と愛国の至情に溢れた田中菊雄の言葉を掲載してこの項を閉じることにする。

…『私の人生探求』の「新版の序」より

「そもそも人生の道程において最もよきもの、最も価値あるものは何であろうか？　富か、栄誉か、自由か、権勢か、……断じて否である。人生至高の宝は実に〝感激〟の二字に尽きると、わたしはあえて断言してはばからないのである。わたしたちは現代に生くるの感激を更に新たにし、この感激に胸を貫かれて、欣然として私を滅して国に尽し、皇恩の万一に報じ奉らなければならぬと信ずるものである」と。

これは、初版を世に送った昭和一八年、五十歳の時、第二次世界大戦の最中、第二編「祖国と我等」の部において愛国の至情を述べて、当時の青年に訴えた一節であった。よって新版は昭和三七年に出されたものながら「国に尽くし」とか、「皇恩」とかの言葉が入ってしまっているのには違和感なきにしもあらずではあるが、当時の時代背景からすればやむを得ないことではある。続けて「当時の心境をかえりみて感慨無量である。わたしはこの著書のために、終戦直後あるいは追放にかかるのではないかと観念していたのではあるが、さいわいそのこともなく、昭和二二年その部分と結びを書き改め、更に我が国の独立を恢復した直後、昭和二七年附録数篇を添えて第三版を世に送った。それから早くも十年に近い歳月が流れ、日本が世にもめざましい発展の一路を辿りつつあることは、まことに感謝にたえない」と述べている。時あたかも敗戦に打ち拉がれていた日本人が立ち直り、高度経済成長へ向かって驀進している頃であった。東京オリンピックも二年後に開かれようとしていた輝かしい未来が待ち受けていた時代、多くの日本人の心持ちともリンクしていたといえよう。

ちなみに終戦直後の昭和二二年の八月に出された「改版の序」では、次のように我々日本人を鼓舞している。

「自負と驕慢に踊った軍国無明の闇は、今や永久にわれらを去った。世界文化交流の清新な息吹を呼吸する楽しさは、敗戦という冷厳な現実を超えて我らを向上の道に導く。ああ平和と自由のありがたさよ！　さわれ国家建設の荊棘の路は遠く、われらに負わされた任はいよいよ重い。今こそわれらが人生の問題を見直すべき絶好の機会である。今この改版を世に送るに当り、軍国主義の犠牲となりし幾十万の霊を弔し、その死を空しからしめず、新文化国家建立の人柱として意義あらしめたいと念ずる次第である」と。

愛書家の生態

～ギュスターブ・フローベール『愛書狂』（生田耕作訳）
ジョージ・ギッシング『クリストファスン』（吉田甲子太郎訳）～
…紀田順一郎『書物愛・世界編』（晶文社）…

二一世紀、電子書籍が跋扈し始め出している時代には想像すらできないのが「書物愛」に満ちた紙の本のことである。もっとも、現在も紙の本は健在であり（多少、肩身は狭くなっているように見えないこともないが）愛書家という紙の手触りや印刷の匂い、表紙デザインなどに拘る者にとっては、新刊書であろうと古書であろうと、上製本であろうと並製本やペーパーバックであろうと、慈しみ愛しむ気持ちに差があろうはずはない。

今日、ハードカバーは少なくなり、無線綴じという何年か後には剥がれてばらばらになってしまう運命にある軽装本が多数を占めるようになっていて、わずか五、六年前の本でさえ中央辺りでガバッと割れてしまって頁が剥がれそうになっているのを見るのは確かに辛く、このような簡易製本を苦々しく思うのだが、現代では、小説などでも一情報として、読み捨てにされる運命でしかないことを鑑みればやむを得ない気もしないではない。

半世紀程前（六〇年代）には、殆どの本が（文庫でさえ）糸綴じで頑丈に造られていたのが普通であったから、多少、紙が黄色く変色してはいても頁がばらけることなく、本の体裁をきちんと保っているので、本の価値が損なわれることなく、愛蔵することが出来た。しかし、現在、こんなに安手の製本が溢れようとは思ってすらいなかった。無線綴じの技術的進歩は、確かに電話帳を見ればその頑丈さが分からぬでもないが、一年ほどで使い捨てにされるものと、数年（いや数十年）以上の生命を与えられて（残る）本では（愛蔵本や稀覯本といわずとも）、違いが出て来ざるを得ない。無線綴じで四半世紀の後に原型を保っている本は珍しいのではないか。

ましてや、ここに登場する古本屋で愛書家のジャコモのような人物が生きていた時代（一九世紀）には軽装本などが出回り始めた時期ではあるものの、本といえばハードカバーで、表紙はモロッコ皮とかベラム鞣総革装で覆われたものばかりではないにしろ、三方金、背文字は金箔押しで本文は特漉紙で……といった具合に、活字や造本にまでも配慮された特装本が主流なのであった。故に物体としての本こそが実体であり存在感を持てたのだ。

蔵書家、愛書家という人種においては、内容はともかく本という物体に（とりわけ稀覯本とか豪華本などにおいては）こよなく愛情を注ぎ、限りなく丁寧に大事に扱うのが当然なのであった。その辺のところをまずは『愛書狂』から少しばかり観てみよう。

ジャコモという古本屋の主人は、三〇そこそこなのに老いやつれ、腰が曲り、白髪で、節くれだったひからびた皺だらけの手、みすぼらしく不様（ぶざま）で蒼白く、さえない風体の男であった。

　ところが、奇書珍籍の競売(せり)の日には、いつもの偏屈な不精者ではなく、目は輝き、時には地団太さえ踏み、喜び居たたまれずに、息せききって大切な本を手にとって、ためつすがめつする様子は守銭奴がその財宝を、父親がその愛娘を、王様がその王冠を慈しむようであったと。これなど、筆者ならずも古本マニアなどであれば、展覧会やデパートの古本市に馳せ参じる時の心躍りの姿に似てなくもない。それというのも、ただひとつの愛情、ただひとつの情熱しか持ちあわせてはいなかった。つまり書物のこと以外、頭にはなかったというのだ。

　……陶酔の境地で、書庫の中をせわしく行き来し、蔵書のあいだを巡り歩き、書棚に触れた手がわなわなと震え、本を一冊手にとると、頁をくったり、誌面を撫でたり、金箔や表紙、活字やインキ、綴じ目や文字の意匠の具合を調べ、何時間も表題や外形に見惚れるのだった。手写本のほうへ歩み寄れば、いちばん古び擦り減り汚れたのを手にとり、惚れぼれと、楽しげに、その羊皮紙を打ち眺め、その神聖にして尊ぶべき鹿の匂いを嗅ぎ取るというのだ。この男にとっての幸せは、精神的効能でもなく文学的価値でもなく、夥しい書物のあいだに腰をおろし、色褪せた羊皮紙の上に眼をさまよわせていれば良かったのだ。自分の持ち金、財産、感情を洗いざらい書物に捧げつくしていた、正に取り憑かれた男なのであった。

そんな愛書家の典型ともいえるジャコモのもとに、ある男が現われた。その若い金持ちの学者風の学生は、『トルコ年代記』の手写本を要求したので六〇〇ピストルで手渡してしまったのだ。が、その後悔からジャコモは羊皮紙仕立ての金文字で飾られた『聖ミカエルの秘蹟』、そしてラテン語の『聖書』を何としても入手しようとした。それがために、バルセロナでの古書店主の連続殺人に加え放火することさえも恐ろしいものではなくなっていたとさえいえた。警察も検察も奇妙な事件だけに犯人を躍起になって捜したのだが、……多少変人ではあっても律儀な愛書家であるジャコモが……まさか……結果はいわずもがなであった。

裁判にあたって、弁護士は彼の罪を少しでも軽くしようと、問題の『聖書』の珍本がこの世に一冊のものではないことを告げたのだが、これを聞いたジャコモは、その一冊を弁護士から借りると「あの本はスペインに一冊しかなかったんだ」と言い放って、涙をこぼしながら本を破り捨ててしまったというのだ。

このような悲喜劇ともいえる話は、古本マニア・古書アディクトにしか到底理解不能なことかもしれない。が、オンリーワンの本（という物体）への愛着は尋常ならざるものであり、愛書家の一側面を表していることは間違いないようである。蒐集は熱意にとどまるのではなく殺意までをも引き起こすもののようである。

あと一つは『クリストファスン』で、これも愛書家の一生態といえるものであるが、本に絡め取られた本の虫といわれるような人生をシビアに描出している。

「終活」という言葉が最近よく聞かれるようになった。終活とは、人生の終末をいかに取り結んでいくかという、遺言状も含めて己の死後の後始末を生前にきちんとしておくことである。生前葬などもひとつであろうし、蔵書家なら本をいかにするか（処分も含め）言い渡しておくことも必要だろう。あの世へのお迎えは何時来てもおかしくはないのである。

故・山下武のように、家族にその辺のことはすべて言い渡しておければいいのだが、筆者のような雑本や駄本ばかりでは、それなりの古書店が来て値踏みしてくれれば、少しは葬式代の足しにもなろうが、まあ、ブックオフでは二束三文、それでも、ガラクタ、ゴミが片付いたといって家人は大いに喜んでくれるには違いなかろう。悲しいかな、これが古本病に憑かれた男の人生の最期なのだ。

さて、この本の主人公クリストファスンは、若いうちは働きもしたようだが、それからは碌に働きもせず、夫人に喰わせて貰っているだけなのであった。が、本道楽は変りもせずで僅かな収入でしかないのに、食は減らしても古本市に出掛けたり古本屋の店先を嗅ぎまわって歩くのだった。これなど僅かな年金で古本人生を歩んでいる筆者（や同類の古本人間）には身につまされる話であろう。そんなクリストファスンであるから、ロンドンを離れることは辛いことではあったに違いあるまい。新刊書店や古書店、図書館などが歩いて（クルマや電車等でもそう時間のかからない範囲で）行けるところにあることは、本に絡め取られた人間には必須であろう。

つまり、都会を、街中から離れることを望まぬ話ではあるのだが、夫人の病のことを考えればそんなことはいってはおれないことも確かなのではあった。夫人を楽にさせてやろうと、親戚のノーフォークにいる叔母を頼っての一軒の空き家に引っ越しを考えたのだが、やはり二万冊を超える黴臭い古本の山である蔵書も一緒となれば、嫌がられるのは当然であった。結論は、二者択一、書物を犠牲にするか、親類の申し出てくれた条件を失うかのどちらかでしかなかった。が、本を取って、家のほうを諦めることに決めたというのだ。

夫人は、夫に不満足な思いをさせて自分の辛い生活を変えるよりは、辛いままで暮らして行く方をと思ったというのである。洋の東西を問わず、このような自己を犠牲にしても夫の方をたてるという女性がいたという真実。今の男女平等の世では、何事に寄らず亭主関白を通せることは、不可能に近いのかもしれないが……。時代が変わろうとも、妻は夫を想い慕う気持ち、夫も妻をいたわり想う気持ちは大切であろう。

クリストファスンがやっと自己の愚かさに気づいたのは、夫人が危篤に陥ってからであった。「私は妻の命をあの本と取りかえてしまったのです」と後悔し、本を掴んで捨ててしまったのである。妻の稼いだ金なのに、あれの身を切り詰めさせてまで本を買い、酒や博奕に溺れる如くに古本病という悪癖から抜け出せずにいた、と今さらながらに懺悔する。これは、正に身につまされる。古本人間なら誰しも、目に見えぬ形であっても、家人に犠牲を強いているのだが、何かのアクシデントでもないと気づかないのだ。そして、クリストファソンも全ての本を売り払うことで、ノーフォークへ行くことに再度決まったというので、少しは救われた気持ちにもなったのだが、蔵書という本人にとってのお宝も他人からみれば悲しいかな紙くずの山でしかないことは確かなのである。

本好き人間なら大いに共感出来る話で、本という物体に惚れ込むとそれを捨て去ることは容易ではないことが、この作品はよく伝えている。

本でこそないが、シュテファン・ツバイクの『目に見えないコレクション』は、銅版画の蒐集家というコレクターの悲しき一面を見事に描いていて、人生の幸福の在り処を考えない分けにはいかない作品である。

とまれ、誰にも迷惑をかけずに死ぬことは容易ではなさそうである。

書物愛と人生

〜夢野久作『悪魔祈祷書』と由起しげ子『本の話』について〜
…紀田順一郎『書物愛・日本編』（晶文社）…

稀覯本という言葉がある。『広辞苑』では「初版本・限定本や古書などで、比較的世間に流布されていることの少ない書物。稀本。稀書」とあるだけで味も素っ気もない。

そこで『実用・本の辞典』（出版ニュース社）を紐解いてみると、「きこうぼん。稀書、貴重本、古刊本、奇書、珍書などの総称であるが、特に内容が優れているとか、妙味があるとか、更に装本美の備わっている書物をいう。新聞広告などに、「稀覯本」と書いてあるのを見るが、この稀覯という熟語は漢語には見当たらない。中国の古典には、例えば「稀覯之物也」というふうに稀覯と出ている。「覿」は「見る」であり、「覯」は「思いがけず会う」という意味である」とかなり詳しい記述になっている。ちなみに、珍書を引いてみると「ちんしょ」「珍本」に同じ。古今東西を問わず、要するに珍しい本をいうとある。従って、稀覯本の意味に解される場合や、古写本、名家の自筆稿本などもあり、時には「わじるし」のことにも用いられるらしい。あるいは「世界一小さい本」をはじめ豆本なども、物によっては、珍書として扱われると。さらに、あるいはこの人にして、珍しくも、このようなと、ちょっと意外な感じのするものもあれば、九州のある大名の女が嫁ぐ際に母親から示されたという『母の訓（おしえ）』の如きものもあると。成る程、形態面からだけではなく、内容面から見ての珍しい本ということである。これと同類のものに乃木大将夫人の姪が、旭川の連隊長に嫁する時贈ったという『母の訓』があり、全体は三部から成り、問題は「閨の心得書」にあると。付け加えて「高名な国学者の書いたものにも珍書がある。〔秘本〕〔わじるし〕参照」と珍書・珍本と稀覯本との類似点も分かる。

ここで、参照項目があるので、更に芋ずる式にまずは「秘本」を引いてみる。

「ひほん。秘書ともいう。秘して人に見せない書物。例えば頼山陽記すと伝えられる『壇之浦夜戦記』、あるいは原本は九州の某大名が秘蔵したという『母の訓』また、『衛生秘要抄』の写本など。『衛生秘要抄』は珍本ともいえるもので、この原本は某図書館に秘蔵されている。『衛生秘要抄』の奥付には「正応元年八月七日、皇后宮大夫西園寺竹林院大臣公衡卿抄写進之」とあり、署名は丹波行長とある。この筆録は典薬頭丹波行長が第九十一代宇多天皇の后、遊義門院姈子内親王のために編述したもので、姻戚の関係ある西園寺公衡のすすめによったものと伝えられている。……」とある。

次に「わじるし」を見てみる。

「古書商仲間や趣味家の間で使う隠語。「わじるし」の「わ」は、「わらい絵」の「わ」わいせつの「わ」である。春本、春画などの総称。しかし、「わじるし」という場合は禁止本であっても、芸術的、文学的の要素の強いものをさすのであって、俗にいう猥本とは趣を異にし、また、外人のいうPornographの類いとも別種のものである。「阿武奈絵」も、わじるしの部分に入るが、これにも芸術的なものと、俗悪なものとの二種がある」と。ここまで来ると、かえって説明も長たらしく、専門的になって分かりづらくなってしまうが、奥の深さを感じないわけにはいかない。

そこで、『別冊太陽・古書遊覧』の「珍解古書用語」(河原淳編)を覗いてみると「稀覯書」として、簡にして要を得た明快なる解説があった。

「稀に出会う(覯)、きわめて貴重な本。資料的な価値があり、部数が少ないほど、値段が高くなる。…英語ではrare bookという。和書では嘉永三(一八五〇)年ごろ、洋書では一五〇〇年以前に印刷されたものを稀覯本とみなすことが多い」とあり、成る程と納得もでき、この解説がいちばん分かり易いのではないかと思う。

そこで今回は、この稀覯書に纏わる話二編を紹介したい。書物と古本屋、書物と人生の一端を覗き見してみるのも、悪くはなさそうである。

まずは、夢野久作の『悪魔祈祷書』。夢野については、奇書である長編『ドグラ・マグラ』で余りに有名ではあるものの、「わけのわからぬ小説」と乱歩先生も指摘したように難解窮まるというより理解不能な小説で、評価も相半ば。しかし、短篇小説にはキラリと光るものがあり、この『悪魔祈祷書』なる書物も西欧の怪奇小説では定番ともいえる伝説的稀覯書で、それを俎上にのせて、興味深い。奇才の面目躍如といったところか。

　話は、夕立で立ち寄ったという東京から転勤してきた（古本コレクターの）大学助教授を相手にするところから始まる。古本屋商いの愚痴ともつかぬ話から次々に色々な（嘘か真か分からぬ）方向へと脱線していくのである。

　……医専の生徒が持ち込んだという本を見せ、これは実は一六二六年に英国で出来た筆写本、それも世界にタッタ一冊しかない奇書・シュレーカーのBOOK OF DEVIL PRAYER「外道祈祷書」の実物だから驚いたと、まことしやかに語る。黒い革表紙にHOLY BIBLEの金文字の刻印、生皮の包箱に入れてあり、中味を読み出してみれば、冒頭の「創世記」は本物の聖書と同じ。だが、以下は人類にあらゆる悪事をすすめる文句がノベタラに書いてあり……。と、『悪魔祈祷書』の内容をリアリティーを持って語り始める。この悪魔の聖書では、旧約の処が人類の罪悪史になっていて、エジプト、ペルシャ、亜歴山（アレクサンドル）大王、露西亜の彼得（ピョートル）大帝等……、世界を支配するものはイツモ悪魔であって、ユダヤ人も世界占領を企んでいると。新約に入れば、悪魔に魂を売った独逸の魔法使いファウストやら……。繰り出してくる話には納得出来るものもあったりして、誰しも身を乗り出して耳を欹てずにはいられない。正にこれぞ稀覯本に相応しい内容。

　が、最後の最後で種明かし。これは全部がヨタ、出鱈目で根も葉もない作り話でありんすよ、と打ち明けて、煙に巻いてしまう。ここまでリアリティーある話をしておいて、それが創作だなんて、それはないでしょうと。しかし、本集めの名人であるといわれる助教授相手であってみれば、ホラ話の一つでもという気になって試みたというのが事実で。確かに英国の筆者本でも、普通の聖書通りの文句じゃ珍本といっても三〇〇両ぐらいの価格はあっても一〇〇〇両を踏めるシロモノじゃありませんよと、本当のところを打ち明けてお開き。

古本屋商売も、百科事典を写してそのまんまならまだしも、一頁をそっくり破って行ったり、本を丸ごと持って行ったり、つまり万引などもあって苦労も多い商い。だからこそ、寄席のお喋りやヤクザな学問に探偵小説が一番のネタで、こんなホラ話でもしなけりゃ……やっちゃーいけませんよといった店主の声が聞こえてきそうである。

戦前の福岡の小さな古書店風景の様子も垣間見れて懐かしさを感じないわけにはいかないのである。

次は、戦後復活した最初の芥川賞作家・由起しげ子の『本の話』である。

戦中戦後の混乱期、自分ひとり生きることだけでも容易ならざる時代。当時は大学教授といっても、生活はそう楽でもない頃で、病気で窶(やつ)れていく妻を必死に買い出しに出て養うことで、夫の方が栄養失調でやせ衰え、死に絶えてしまったというのだ。その男というのが、このモデルになった白石淳之介という人物で、由起しげ子の姉の夫であった。彼は東京帝大法科の商業科を卒業後、短期間の商社勤務を経て関西学院高等商業学部教授となった馬淵得三郎なる男で、専門は海上保険論というものであったようだ。

ここでは、その兄の蔵書をどう扱うのかという問題と夫に先立たれた姉の療養費の工面をどうしていくかということが妹である残されたものにとっての課題であった。生きている間に、死後に蔵書をどう始末するのか迄はなかなか考えつかないのは事実。よって、残されたものに迷惑をかけることにもなる。雑本ばかりではゴミ屋に来て貰うだけで事足りるのだが、研究肌の教授が集めた専門書となれば、そうもいかない。何とかして、いちばん適切な処分方法を考えることにもなる。

混乱期の当時ではドサクサに紛れて金儲けをしている人達がある一方、月二万の収入を得ることは女手ひとりでは容易ではなかったらしい。愛媛県の産物である「だしじゃこ」の商売を思いついたり、「寒天」の販売も考えてみたもののの手におえるものではなく、結局、童話を訳したり細々と書いたりしていく仕事しかなかったという。が、物価昂騰で三人の子どもを養い、かつ療養費を出すにはまったく役に立たず、家に残された物（絵画や箪笥）を売って凌ぐよりなかったらしい。正に義兄の「学問だけできても何にもならん」は真実なのであった。

「人はパンのみにて生きるにあらず」は確かに真実ではあるのだが、現実を生きるには、パンがなければ死に絶えてしまうのだ。

そして、いよいよ義兄の遺品である六〇〇冊余の本にも手をつけねばならなくなる。しかし、何せ海上保険の専門書（しかも英独仏伊の訳書もあり）というものであるから、おいそれと、買い手が現われるわけではなかった。それでも何とか人伝に古書店（松坂屋古書部）を通して、買い手が現われるわけではなかった。それでも何とか人伝に古書店（松坂屋古書部）を通して、換金することを取りはからってくれることになったのは不幸中の幸いというべきか。本来ならば、篤学の学者であった義兄の思い通りに、仙台へ換金などせずに保存したかったのだが、今、出来ることはなるべく散逸させずにどこかに一括で納めることくらいが精一杯であったというのだ。無理もないことである。

それにしても、木箱を開けてみれば、本の多くは海外の学者・研究者の手になる専門書が殆どで、生涯を費やして収集した（本人にとっては）それこそ貴重なコレクションであったに違いないと分かるものであった。であればこそ、少しでも値打ちに理解あるところに引き取ってもらえればと考えるのは当然であるともいえた。とはいえ、価値のある専門書でも、典範や辞書、大部の本などは学者にとっては必要でも、保険関係の会社には入り用のものではないことも理解出来た。

本のリストを作っていくにつれて、フランスの本が多かったり、人を威圧するような部厚くて重い本が出てきたり、泥で汚れたもの、何年何月読了とか、「白石教授に贈る」小西三郎とか書かれてあるのを見たりすると、それらは特殊なものか一般のものかは分からずも、よくぞ集められたという愛着をひしひしと感じ取ることになったようだ。それから保険会社との取引の話になるのだが、保険論が専門の東北大の小西教授のことが頭に浮かび、依頼はできまいかと……ここで売り先に迷いも出て……結論は出ず終い。

そこで、古書店主（後年八木書店を創業する八木敏夫）が忠告する。大学や図書館には本を購入する予算はないはずだし、保険会社では理事会まで開いて購入資金の決定までしたことを伝える。それと同時に、本への思いとは別に本には市価というものが存在しており、文学でもないような（海上保険のような）かたよった本はなかなか売れるものではないという世間の常識を伝えた。誰しも、思い入れというのはある。愛着があればあるほど、当然高値で買い取って貰いたいとは思う。が、そうは問屋が卸さないのは、今も昔も同じ。

世間は稀覯本といわれるような専門的な古書でさえ、理解を示すことは殆どないし、本に敬意を払うというような心は、悲しいかな一部のコレクターや古本マニアを除けば持ちあわせてはいないのが現実のようなのである。

受験雑誌等の変遷から見てとれる受験生と社会風俗

…旺文社編『日本国「受験ユーモア」五十五年史』（旺文社）
竹内　洋『立志・苦学・出世／受験生の社会史』（講談社現代新書）
赤尾好夫『若人におくることば』・『忘れえぬ名言』（旺文社）…

戦前・戦後の受験生とそれを取り巻く世の中を覗いてみるのに最も相応しいのは雑誌の中でも特に受験雑誌ではなかろうか。ここでは雑誌の変遷を辿り、当時の社会風俗をも含め考察してみることにする。

その前に一寸、大正期に創刊された代表的少年誌『少年倶楽部（戦後・クラブ）』（講談社）と戦後の少年達の希望の雑誌として創刊された『少年』（光文社）についても触れておきたい。

当時（昭和初期）の社会状況（尋常小学校卒が殆どであった時代）では、立身出世することは善であり、そのために数多の少年雑誌では読書の勧めが盛んであったことである。『少年倶楽部』などの雑誌愛読者から見て取れる様子は、貧困からの脱出のために上級学校（旧制中学校やさらに旧制高等学校）に進学するために勉学に励む篤学の少年達がいた時代の読書や雑誌の存在であった。これらこそが（特に地方に住む）少年らの夢や希望を育む源泉であったのである。いわば、おもしろくて為になるを編集方針に掲げ「少年の理想主義」を目指してつくられたのが『少年倶楽部』だといっていい。

戦前の『少年倶楽部』には乱歩の「怪人二十面相」や「少年探偵団」さらには「妖怪博士」「大金塊」などがたて続けに連載され、当時の少年達を虜にし、それは戦後にも引き継がれて行くことになった。

それはさておき、時代は若干あとになるが、筆者の少年時代（昭和三〇年代）も、少年雑誌には（小学館の学年別学習雑誌も含め）バラ色の夢・輝かしい未来が語られ、紙製の組み立て付録や別冊読み物は魅力に溢れ、懸賞品には一般庶民には到底手の届かない天体望遠鏡や写真機などの豪華賞品が並んでいた。読書の奨励と同時に勉学の励みとしてこれらの雑誌が機能していたことが分かる。

その流れをくむ『小学二年生』も、平成二八年一二月発売の二・三月合併号をもって休刊、残るのは『小学一年生』のみとなった。七二年のピーク時は発行一一〇万部を超えたが、それ以後は下降線をたどり、最新号は六万部。時代の流れには抗えないとつくづく実感する。


さて、話が受験雑誌から離れたかに見えるが、明治期には月刊の受験雑誌はなく、大正期に入って『受験と学生』『考え方』といった雑誌が出現したらしい。そして、昭和六年には欧文社が創業し、翌七年より『受験旬報』を発刊することになる。対象は中学校を卒業して旧制高等学校（昭和二三年からは新制大学）への入試に備えるための通信教育会員の機関誌として出発したものである。

我が父親のことで恐縮だが、父は旧制の甲府中学校を卒業して旧制の一高、そして大学へといった進路をとったが、村では甲府中学に入れるような生徒は一〇年に一人いるかどうかだと聞いた。地方のしかも田舎から、県庁所在地のある街までそれこそ何キロもかけて通ったり、下宿したりすることが、そもそも有り得ない話であったそうだ。

当時、義務教育でもない旧制中学校へ入るのが、どれほど困難であったかは、本人の能力の問題以上に、家庭の状況がものを言ったようだ。当時は、高等小学校まで行けば十分、一人前だったが、さらに上級学校をめざし、中学講義録で独学する苦学生が地方には少なからずいた。独学の難しさは、今も昔も変らない。上京して新聞配達などをしながら勉強することは極めて困難で、九割以上は途中で脱落、堕落・不良化していくか、病気・病死になって挫折していくという有様であったらしい。

さらに、中学講義録を修了後に、数%の合格率の専検に合格してはじめて高校の受験資格が得られるという（実際に旧制中学校で学ぶより遥かに難しい）制度であったのだから、気の遠くなるような世界であった。竹内洋は、それでも、そういった講義録で学んでいることが、進学できなかった者たちの救いにはなっていたのだ、と分析している。

話を『受験旬報』に戻すと、赤尾好夫は自らが編集長となり「巻頭言」「受験対策」「懸賞問題」「受験ユーモア」などの項を設け、親身になって受験生の役に立つような記事を執筆したという。当時は、歐文社以外にも通信添削会社は一〇社以上もあり過当競争の状況ではあったらしいのだが、良問が多く、添削も丁寧、発送や返却も正確でこういった点で他社を圧倒していったらしい。それほどに片手間、いい加減でやっていた添削会社が多かったわけである。赤尾自身も最初は、自身に迷い（この会社を継続してやっていくべきかどうか）があったらしいが、やっていくうちに受験生からの感謝の言葉などに突き動かされ、本業にすることを決めたらしい。

ちなみに、昭和一〇年の目次から詳細を見れば、次のような構成になっている。

赤尾自らの「巻頭言」にはじまり、「完璧指導講座」として英文解釈・和文英訳・英文法、代数・幾何、国文・漢文、時事英文まで。「受験対策」に続き、「合格答案の作り方」、「受験出題秘話」、「母校紹介」と「戦（受験）の跡を語る」は、歐文社社友諸君となっているが、これは歐文社と契約した大学特信員の体験記となっていて、最後に「通信添削会の問題と解答」が付されている。

さらに昭和一五年からの旧制時代の『蛍雪時代』では訓話や科学読み物、偉人の伝記などをも盛り込んだ中等学生の学習指導雑誌にまですることを目指したらしい。戦中の暗く入試も混沌とした時代ではあった。が、敗戦に伴い昭和二三年からの新制時代からは、短歌や俳句、詩のコーナーまでも設けられるなど、もはや受験情報誌のみにとどまらない文芸総合誌の面も備えた受験生の総合雑誌にまで成長したとさえいえる。そして、四三年からは、大判化が図られ、今までのA五から現在のB五へとなっていく。高校進学率が九割を越え、大学入試は大衆化の時代となった。もはや、戦前・戦中のひとにぎりのエリートのみが受験するものではなくなったのである。

とはいえ、刻苦勉励に励む受験生の立場は些かもかわらず、赤尾社長は「巻頭言」で励まし続けた。このことが、信頼を勝ち得、受験雑誌のトップランナーを独占することにもなったといえる。ここに赤尾の二冊の著書から引用して、この項を閉じることにする。

まずは、昭和四〇年に刊行された『若人におくることば』の序文からである。

「人生に繰り返しはなく、青春はふたたび帰ってこない。珠玉のごとき青春をいただいた諸君は、しんじつ自己を愛さなければならない。自己を愛するとは、自己を向上させることである。深い知識、広い教養、よい性格、たくましい体格等は、いつの時代、いかなる国においてもこよなき美徳であって、これなくして人間の向上はなく、国家社会の繁栄もない。……この競争の激しく厳しい時代に、よりよく生きることは、決してやさしいことではない。だれでも安易な道を選びたくなるからである。しかし、安易な生活に幸福はもたらされない。……人は安易な生活に落ちやすい。聖書にいう「滅びに至るの道は広し」である。……人生には勝負の世界があることを常に感じている。勝負は時の運などではない。とにかく勝とうと思ったら真剣に取り組むことである。人間はこの勝負を、人生途上においてたえず繰り返し経験させられる。起伏は人生につきものだからである。ここで、挫けては一切が終わりである。……」と懦夫をして立たしむ熱意がこもった訓話になっている。尚、この本では、昭和一〇年より四〇年にかけて「巻頭言」に発表したものをⅢ章に分けて計一三二項に渡って掲載している。

あと一冊は、昭和四七年に刊行された『忘れられぬ名言』である。これは、題名のとおり、折りに触れ自分を教え、自分を励まし、時に反省させられ、強い影響を与えた名言を拾ったものであり、……いわば人生を生きぬく知恵と勇気と慰めとを与えてくれたものであると。世阿弥の、〈初心〉にはじまりリンカーンの〈民主政治〉まで全五一項からなっている名言集である。

尚、赤尾の熱意と先見性は、受験雑誌や参考書類だけにとどまらず、「百万人の英語」や「大学受験ラジオ講座」（昭和二七年〜平成七年）など、放送を利用した講座をも開かせた。これは、地方にいる受験生にも（受験情報や名物講師の講義などの聴取の）機会は均等であるべきとの思想から実現させたものであり、今の五〇代以上でお世話にならなかった人は、まずいないように思われる。それほどに、ポピュラーな番組であったが、これはラジオという聴くことだけに特化したメディアであったことが大きい。勉強に集中するには紙と音声のみという方法こそが有効であったことを証明したわけだ。

《P・S》受験雑誌のその後…

昭和三〇年代以降、順調に部数を伸ばしていった受験雑誌。旺文社の『中学時代』『高校時代』だけでなく、学研も参入し『中学コース』から『高校コース』に至る迄、受験生を大いに励まし、また受験競争を煽った。旺文社模試に対抗した学研模試も全国の各高校で実施され、受験は儲かる産業になった。これに目を付けたのが、福武書店（現ベネッセ）で通信添削から進研模試までを実施、対抗していくことになる。受験雑誌のピークは昭和四〇年代の後半、四〇万部に迄に達した。

しかし、それ以降は、この記録を更新することなく徐々に部数を減らしていく。平成一〇（一九九八）年には学研は、ついにこの分野から完全撤退する。『蛍雪時代』はまだ発行を続けてはいるが、受験生の読み物ではなく、進路指導室の置物と化している。

平成以降、少子高齢化の波は大学入試にも影響を及ぼし、駅弁大学といわれた増えすぎた大学の淘汰も始まっている。また大学に同じく予備校も淘汰が進みつつあり、昭和四〇年代より隆盛を誇ってきた「代ゼミ」までもが経営の転換を余儀なくされつつある。

かつては、一部のエリートのみが進学するところの大学も、ごく一部を除けば全入になった。敢えて受験勉強に励まずとも、入学が可能な大学が殆どになっているのだ。この競争のない時代では、受験雑誌の意味も薄れる。大学側でも推薦入試で早めに（よりよい、いやどんな受験生でも）確保しなければ、経営が成り立たない時代になっているのだから仕方がない。

「分数の出来ない大学生」は、ゆとり教育のためではなく、本来なら若い労働力として社会人になるはずの者までもが大学生になっている時代なのだから、無理もないのである。

本・出版・読書の未来は

……森彰英編『本ってなんだっけ？』（北辰堂出版）……

一時の電子書籍ブームが一段落（四半世紀が経過）して、客観的に本を眺められるようになってきたことは事実である。が、今後の本を取り巻く世界は、まだまだ流動的で日進月歩の技術にどう対応していくのか、先は読めないというのもまた事実であろう。

ところで、『季刊・本とコンピュータ』という雑誌が創刊されたのは一九九七（平成九）年で、紙とオンラインという二つのタイプでの船出であった。当時は「ウインドウズ九五」が出はじめ、コンピュータが日常化、大手家電量販店ではパソコンが飛ぶように売れ始めた頃であった。そこで日本語の文字表現、知的所有権や流通の仕組みは？　そもそも本の未来はどうなるのか？　といった課題に向き合い、出版社・編集側と印刷側の人間の蝶番としての役割を果たそうとして産声をあげたのであった。創刊号の特集「百科事典・エンカルタ九七」もこれに一役かったことは間違いない。パソコン熱が一気に加速し始めた頃であり、筆者もそのCD・ROMを早速購入し、その素晴らしさに呆気にとられると同時に、これからの本の行方がどうなっていくのかに関心を抱かざるを得なかったのである。マスコミ関係者だけでなく、本や活字に関心を持つ人なら、興味を持たざるを得ない課題で、それに応えようとしたのが『季刊・本とコンピュータ』という雑誌であった。『エンカルタ』に続けとばかりに流行ったのが、書籍形態の内容を映像やデータベースのような形でCD・ROM化したものもあったが、意外にも流行らず、程なく廃れたようだった。内容に安直なものが多く、ネットに移行していくなかで消えていった。

筆者は一九九七年当時（統計処理や計算機能では四、五年前より既にブラウン管モニターのPCに移行はしていたものの）書類の作成には、まだワープロ専用機の「ルポ」を使っていた。本格的にPCが日常のツールになったのは、二〇〇二（平成一四）年頃からで、職場がラインで繋がれ、一人一台パソコンになり始めた頃であったから、奥手の方ではあったが、それでも、あれから一五年余の歳月が経っているのである。にもかかわらず、本や活字の世界では意外にも（紙の本や雑誌がなくなるような）「情報のコペルニクス的転回」は起こらなかったような気がする。が、ソフトバンクの孫氏によれば、三〇年後には紙の本は殆ど消滅するとのことらしい。

ある意味、インターネットの普及は、ゲームは勿論スマホやナビなどで庶民大衆のものとなり、PC利用と併せてネット流通に拍車をかけたのは事実であった。今ではアマゾンなどのネットスーパーの影響が頻繁になり、（即日配送や再配達などの）流通の問題を提起し始めてもいる。

さて、そこで本書にご登場願うのだが、帯に「紙の本の未来を考える」とあるように、今日（二〇一三（平成二五）年現在）の「本」の世界を多角的に捉え「紙の本VS電子書籍」という対立図式だけでなく、不振を続ける出版界をも検証して未来を考察しようという興味惹かれる内容になっている。

全四章の構成で、第一章は「いま本はどうなっているのか」という現状報告である。「情報は氾濫しているのに、読みたい本と出会えない」のは、話題の文芸書のような本（ベストセラー）は店頭の平台に山積みに並ぶが、地味な本になると棚の片隅に追いやられ出会うことは少なくなるからで、店員に聞けば「品切れです。注文になりますが……」となって購入を諦めることになると。ましてや一九九七年より出版界の売り上げが下降、出版点数は増えても雑誌も本も売れない雑書依々の状況、加えて少子高齢化や本をよく読むと思われた団塊世代のリタイアもあって、町の書店は経営が成り立たずに廃業に追い込まれているらしい。紙の本の世界の問題（書店流通など）は依然として四半世紀前と変わってはいないが、それに代わって売り上げを伸ばしたのがオンライン書店・ネット（古）書店で、書店のない地方では大助かりではある。

また「電子書籍は黒船の襲来か」では、「本コロ」（『だれが「本」を殺すのか』）の最終章は「電子出版・グーテンベルグ以来の新たな波紋」となっていて、アップル社の「ｉＰａｄ」が発売された二〇一〇年こそが電子書籍元年だと。とすれば、それまで色々と模索してきたが、やっとこれでプラットホームが出来、方向性が見出されるようになってきたということか。アメリカでは既に電子書籍が紙の本にとって代わりつつあるとし、日本でも日本電子書籍出版協会が発足した。が、結論は「電子出版のつくる未来は幻想で、既メディアのクビを絞めることになりかねない危険性も孕んでいる」とも。そもそも本を読む人口は限られているから、結果、読者層は二極化、ケータイ小説、エロ系コンテンツのように低度情報化社会に進む危険性があるとの指摘（山田順著『出版大崩壊』）には納得もする。この点についての掘り下げは全く物足りないのだが、今後の展開については、やはりまだ先が読めないというのが真実なのであろう。

第二章は「書を捨てよ、町へ出よう」という様々な個性的かつ先進的な取り組みの書店ルポになっている。大型リアル書店ではジュンク堂池袋店、カフェ読書の取り組みとしては代官山の蔦谷書店や東京堂神田本店、本屋らしくない雑貨本屋としてヴィレッジバンガード、個性溢れる青山表参道の書店等をあげている。堤清二の「百貨店は文化を売る事業」の主張に添って都市の知識人の集まる店を目指して専門書・人文書を中心に置いたのがリブロ池袋店ではあったが、二〇一五年に閉店してしまったのは何とも惜しまれる。本屋というのは「人と本が出会う場所」であって、オンライン書店・ネット書店では得られない知的空間なのだと。

第三章は「コンテンツ作りの現場を歩く」で、これも様々なメディアの生産・編集現場のルポとなっている。取り上げられている本は、どれもがヒットした作品であるが、それらの本がいかにしてベストセラーに成り得たのかという点についての考察は興味深い。

例えば、M・サンデル教授の『これから正義の話をしよう』（早川書房）のヒットは、今、直面している問題……イラク戦争や代理妊娠、代理母から金融危機などまで……まさにここにある問題からアリストテレスやカントの哲理が検証され、哲学が社会を生きるのに欠かせないものであることが伝わってくるところにあると。

しかも、NHKでの放映が決まり、その実況中継の講義は答えがすぐに見出せないモラルジレンマの教材ばかりで、ハーバードの学生と共に視聴者にも考えさせずにはおかないものばかりであった。そういったことにヒントを与えてくれるのが賢者の知恵でニーチェやカント、ドラッカーなどの本も同じと。安直な答えを押しつけないサンデル教授の対話型教授法は見事というしかなく（古代ギリシアの問答法もこんなんであったのかと思わせるほどで）そのカリスマ性に惹かれて、決して読みやすい本でもないのに売れに売れることになったと。筆者もサンデルの虜になった一人で、再度、哲学書を紐解いたり、モラルジレンマの道徳教材を漁ったりした。

訳者の小林正弥教授によれば、この放送開始直後から、ツィッターやブログなどのネットの世界から始まって大反響が起こったのだと。その理由としては、第一にハーバード大学という知的ブランド、その超一流の講義に史上はじめて一〇〇〇人以上の学生を集めることになったものであること。第二には、知的興奮を掻き立てるプログラムが際立っていたこと。第三は、「対話型講義の新鮮さ」で、学生から議論を引き出しながら進める講義は流麗でさえあると。第四は、講義の演劇的アート（技術・芸術）、第五は、事例や道徳的ジレンマの吸引力、第六は、政治哲学というジャンルの魅力、第七は、日本や世界の時代状況とのマッチで、第八として、東アジアの文化的伝統をあげている。そして、このブームから新しい学問と教育が現れる可能性があるとも。

とまれ、アメリカでサンデル教授のこの本の出版が決まった時に、その反響にいち早く注目、版権を取得した早川書房の目の付けどころ（企画）が良かったことに尽きるが、担当編集者もこんなに版を重ねるほど売れるとは予想していなかったらしい。

放送とのメディアミックスもあるが、不況と政治の混迷で小手先のサクセス本やノウハウ本が役立たなくなっている時、求められるのは何より時代を超えた価値を持ち、今なお様々なヒントを与えてくれる賢者の知恵ではなかったのかと。

第四章は「やっぱり本は面白い。そして私たちの読書メモの公開」となっていて「読書こそ時間消費型の楽しみの極致」という一文には、共感するものがあった。

年金生活者となってみれば、本ほど安くて長く愉しめるものはない。探求していた古本に出会ったり、書棚の奥の旧刊をひっくり返して読むお温習いが出来たりするのも本・書物というソフトとハードを兼ね備えた物体があるからなのである。活字中毒者でなくとも、読書は暇つぶし以上の何かを与えてくれるお宝なのだ。

『広告批評』とCMの時代

平成二五年、相次いで個人的にお世話になったお二人の方が亡くなられた。かつて勤めていた会社の上司としてお世話になった、マドラの天野祐吉社主と先輩であった島森路子女史。共に名コピーライターとして、また評論家・批評家、コラムニストとして、テレビ等でも活躍、広告への興味関心を大衆に広めるのに貢献した。その広告に捧げたといってもいい人生は、『広告批評』の名編集長としての足跡を辿れば鮮やかに見て取ることが出来よう。

・『広告批評』創刊以前

ところで、天野祐吉も最初から広告屋になろうと志したわけではなく、出版社を転々とした挙げ句（失業保険とパチンコで生活する日々を送るようになっていたが……）同郷の先輩の世話もあって博報堂に入ることが出来たのである。しかも、出版社だと思ったら広告代理店だというのである。が、運良く『広告』という月刊誌を編集する仕事にありつけた……そこが広告との原点になったのだ。

本人曰く、広告には疎かったし、興味関心もなかったが、「サントリー」（当時は「寿屋」）

の広告「人間らしくやりたいナ……（開高健）」には惹かれるものがったと。その後、編集長になると、広告プロダクションのコピーライター（土屋耕一、梶祐輔……）だけでなく、学者や作家を紙面に登場させ、大衆文化という面から（広告を）考えていく方針にしたと。当時（昭和四〇年頃）は、マーケティングという考え方や欲望づくりや差別化という機能が出て、世の中に与える影響も大きくなっていった頃のこと。

・そして『広告批評』創刊

七〇年代の終り頃、それより前に博報堂を辞めて、友人らと立ち上げたのがマドラという広告プロダクションであり、「広告批評」的な広告の月評や外国の面白そうな広告物を取り上げて「ＡＤＴＲＥＮＤ」（今日の広告）というクライアント向けの無料配布誌を作った。それはまさに出版と広告の経験を共に生かせるものであったという。

実は、筆者もその頃、マスコミ志望の大学生の一人で大手出版社に落ちた末に「マドラ」を傘下に持つＳ美術印刷という中堅のＳＰ会社に入社した。一九七九年当時、Ｓ美術印刷は大阪のＩ市に本社があって、東京の市ケ谷には、東京営業所を置き、マドラはＳ美術印刷グループの一社として、重要な部門を担っていた。中途採用が多い会社でありながら幹部候補生として六人が新規学卒者として採用されたわけだが、他の五人は皆、大阪出身者であったため、地元の本社営業部や制作部等への所属になったようだった。本社での一ヶ月の新人研修を経た後、正式採用になった。

マドラは当時、紀尾井町にあった。こちらとしては、やりたくてしかたなかったコピーライティングの仕事に就ける喜びもあるにはあったが、複雑なる気持ちではあった。マドラは関連会社の中の一つとして広告の制作部門を担当してはいたが、独立していて本社とは別個に様々なクライアントと業務を提携していた。

スタッフはコピーライター、デザイナーを含めても少人数の小さな会社であり、事務関係のスタッフを除けば雇用関係は、アルバイトもいたり、契約社員（といっても、皆、すぐにでも独立できる専門家）がいたりする研究者集団といってもよかった。

仕事内容は調査研究はもとより、ＰＲ誌・雑誌の編集、広告戦略の立案・製作に当たっていた。編集デザイナーやコピーライターは、数年経つと殆どが円満退社して独立、事務所をつくってやっていく。長年、継続して勤める方がむしろ、珍重されるわけで、こういった業界の特殊性をも表していた。島森女史は講談社からコピーライターとして入社していて、年齢差はさほどなかったが、姉御といった感じであったし、天野社主は、マスコミにも名が知れていたこともあってか、最初は雲上の人のようにさえ思ったほどであった。もっとも個人的には、すぐ直属のコピーライターに岩崎俊一さんがいて、彼もほどなく事務所を立ち上げ独立していった。

当時、糸井重里という名前は「宣伝会議」などの表紙にコピーを飾っていたのが印象に残ってはいたが……。ウデイ・アレンを起用した西武のコピー「おいしい生活」を世に送るのは、これより少し後のこと。

「広告批評」は、創刊前にデモ版とでもいうべき〇号（創刊準備号）を七九年の四月に出して、五月に創刊号を出した。しかし、この創刊の辞ともいえる巻頭言には参った。「広告批評」の今後が全て言い尽くされていたからだ……。

広告は大衆文化のすぐれて前衛的な表現です。

「いま」と切実な関係を保ちつづけることによって、広告は人々の暮らしに対する想像力を切りひらき、しなやかに生きるための目を鍛えてきました。

が、このところ、広告は本来の「言葉」を失ってしまったように思われます。

人びとの関心や期待とは別のところで、空騒ぎや見せかけの前衛に走っているという声を、げんにあちこちで耳にするようになりました。

年間一兆八千億円のお金が広告のために使われていることを思うと、これはどう考えても、もったいない話です。

広告が大衆表現としての新しい「言葉」を獲得するには、何をどうすればいいのか。

そのことをいま、みんなが知恵を出し合って考えることが必要なのではないでしょうか。

『広告批評』は、そのための小さな場（フォーラム）です。広告のワクにとらわれず、さまざまな領域の人達に参加してもらおうと私たちは考えています。

おっくうがらずに、つきあってください。いい知恵を出してください。

これは、けだし名言であった。当時、個のコピーやデザインについての批評は存在したが、それは多分に技術的・専門的であって、広告全般についての批評は存在しなかったからである。広告表現についての批評という点でいえば、画期的・革新的であったといえよう。このことについて、天野編集長は「つくり手の役に立たないような批評は、書く意味がない。いってみれば、つくり手に送る、ちょっと辛口のファンレターみたいなものなんですよ。……批評は相手（つくり手）からお金をもらうわけじゃないから広告とはいえないけれど、すぐれた批評には広告性がある。げんに、へたな広告なんかよりも、すぐれた書評や映画批評のほうが、よりよく商品を売っていると思いませんか？　……すぐれた広告には、なまじっかな批評よりも、すぐれた批評性がある」と。

尚、この創刊号の告知広告が先輩誌の『宣伝会議』（創刊二五周年記念号）の七九年六月号に載ったのだが、この名コピーも忘れられない。

「きびしさ。やさしさ。この雑誌は、広告界に出現した『暮しの手帖』ではないか。梶祐輔。」

と、花森安治の『暮しの手帖』を出したところもさることながら、梶祐輔という名前まで出して保証もしているのである。そこまでいわせる雑誌とは、どんな雑誌なのかと興味がわく仕掛けにもなっている。

ちなみに、創刊号の特集は「言葉の活力」で、福田定良、稲葉三千男、大岡信、梶祐輔、外山滋比古、江藤文夫という錚錚たる顔ぶれが広告コピーやその作法など言葉と広告について語っていて奥が深い。また、天野編集長との「対談広告入門」の連載も始まり、その一回目は谷川俊太郎であった。第二号の特集は「二位の創造性」で、対談は久野収と中村真一郎で興味津々の記事が並ぶ。

また、第三号から始まった「マッド・アマノのアメリカ広告批評」は「石油パニックに強いワーゲン広告」と題したものだが、四号以下、広告先進国アメリカの比較広告的な記事の解読など好連載が続き、考えさせられるところ大であった。

創刊号の売れ行きを心配していたのも束の間、もう第四号の頃には筆者の仲間内（マスコミ・出版関係、教員、図書館員）でも話題になるほどで（マスコミにも取り上げられ）、部数も増加し、販売する書店も増えていった。一年が経過すると、ますます好調で、多くの（広告関係者以外の）人達にも読まれるようになっていった。

・マスコミ志望の大学生から社会人への第一歩

話は、戻るが筆者は既に大学に入った時から広告に関心を持っていた。それというのも、部活やゼミこそ広告とは縁はなかったものの、大学での専攻を社会学にしたことと関係があったようである。

清水幾太郎の言に「人間は一つの学問の門をくぐることによって、人生の門をくぐるものである」とあるように、人は大学で最初に出会い学んだ学問に生涯惹かれるもののようである。生涯を通じて、我が人生の関心はマスコミや社会学の方面に向けられていたといってもいい。後に、法律学や英文学までをも学士入学までして学んだのだが、それらは必要に迫られての学問で、それぞれの面白さはあったが、勉強好きでも何でもなかった。

とはいえ、最初の「社会学」、なかでも、社会心理学やマスコミ論、広告論や映画論など(アメリカの大学では、当然に普通に行われていたものではあっても）三〇数年前（七〇年代）当時としては先端的な内容であり魅力に満ちた学問であった。瓜生教授からはモンタージュ理論を学び映画はかなりの量を観たし、佐藤智雄教授の社会心理学や渋谷重光教授の広告論のゼミにも入っていっぱしに、アイドマの理論などを口走っていたこともあってか広告代理店などのマスコミ関連に入社することを当然のように考えていた。

尤も、当時大手広告代理店（電通・博報堂）を受験したときは、医学部や理工学部の連中も多くいた。メーカーも様々であるからそれらの要望に応じるには、文系学部出身者に偏っては行き詰まってしまうことも確かであって、希望通りに入社できる確率は万に一つもなかったことは現在とも変わらないのであろう。

・広告のイロハとさまざまな経験

話はそれてしまったが、大学で専攻していた社会心理学やマスコミ論などをかじっていたせいで面接では、いっぱしに広告論などを調子に任せて喋ったことが、配属に影響があったのかもしれなかった。

入社して間もなく、当時、一眼レフを持って会社でパチパチ撮っていたら「すぐにTプロダクションへ行ってきなさい」と課長に言われ、青山のプロダクションに通うことにもなった。カメラ趣味は父親譲りで、オリンパスはズイコーのペン、ミノルタはロッコールレンズのSRという一眼レフをもっていて、現像もよくやっていた。しかし、三五ミリフイルムは商品撮影では使わないことを識ったのも初めてで、八×一〇（エイトバイテン）といったサイズの大きいものを使う。フィルムはコダックとも識った。何人かのスタッフと一緒に仕事を覚えさせてもらったが、商品撮影はロケも含めて時間がかかった。某自転車メーカーの撮影にはスタジオに詰めて三日も要したし、一週間にも及ぶ某服飾メーカーの沖縄ロケもあった。いろいろな個人事務所に派遣されたり、取材や原稿の依頼に行ったり、集金業務もやらされたりしたが、何もかもが新鮮で多忙であった。

コピーの新人見習いの仕事もその傍らで行われた。メーカーとの打ち合わせから、コピーの企画書を何枚も書かされた。プレゼンの提示の仕方も教わったり、見よう見まねでまねたりした。某大手メーカーのテレビとカセットが一体化したものに、「ワンマンバンド」とか「オールインワン」と名付けてみたりもした。カセットといっても、ビデオではなく、普通の音声のみのカセットテープを付けただけのシロモノであった。当時はビデオテープでさえ、一般化はしていなかったのだ。

高度成長期は終わりバブル期前の時期ではあったが、華やかさはあって、街は生き生きとしていた。渋谷や原宿のモデルクラブには足繁く通ったりもした。六本木や青山などの場所にはこの業界の大半が位置しているが、これは時代の最先端を行く感覚を肌で感じられる場所が必要とのことで、マドラも南青山へ後日移転したことも知った。

当時は、四〇代の天野社主がいたのだが、遙か彼方にいる大人の存在のように感じられたし、「広告のことばかり勉強していたってだめで、広くあらゆることに関心をもつことが大事なんだ」ということをよく聞かされた。これは『広告批評』の前身である「今日の広告」を創っていた頃でもあってか、これは信条でもあるらしかった。

そして丁度、会社は日本航空のZEROのキャンペーンに取り組んでいたこともあって、二四時間目まぐるしく忙しかった。「チャレンジ・ユアセルフ」「ドゥーイット・ユアセルフ」であった。

島森女史は、やはりコピーライターとして華々しく活躍されていた。机も少し離れたところにあったこともあり、年齢的には七つほどの違いではあったものの、姉御といった存在であった。さらに社内外で美人の誉れ高く、おいそれと口をきくのも憚れたのだが、向こうはそんなことはお構いなしに仕事を言いつけられた。次第に、ため口でさえ話せるようになってしまったのだが、校正では厳しく注意を受けた。「同じ間違いは、するナ!」と。

この二人以外にも先輩方はデザイナーをはじめ、大学教授クラスの面々が揃っていた。あらためてマドラは、研究者集団ということを思い知った。優秀なるスタッフと一緒に仕事をして行くには、日々勉強が必要であった。

折しも、マドラでは、戦後のキャッチフレーズを収集して分析するという作業に取り組んでもいて、一九七二年に自由国民社より上梓した『生きているキャッチフレーズ全書』をもとに、誠文堂新光社からブレーン別冊の『キャッチフレーズ三〇〇〇選』を出したところでもあった。戦後三〇年のヒット広告とコピー発想法について詳述した(といっても、一般の人にとっても読みやすい)ムックであった。こんなところが『広告批評』にも受け継がれていったんだろうと思われた。庶民感覚の目線で常に広告を考えていくという姿勢・コンセプト。新人にとっては、極めて勉強しやすい環境であったともいえる。上司と先輩についてはエピソードはいろいろとあるが、その機会は他に譲る。

また、この業界の常として、よくモデルクラブや芸能プロダクションにも足を運んだ。芸能界では常識ではあっても、お昼過ぎに「おはようございます」には最初はかなりの違和感もあり戸惑った。デパートのキャンペーンで知り合ったモデルの何人かとはガールフレンドにもなり、こんな仕事も悪くはないなとも思ったのもその頃であった。

・広告の転換

さて、八〇年代はテレビ世代が活字世代にとって代わって多数派になった。そうなると、広告だけではなく文化状況も一変する。(三〇余年後の今となっては、そのテレビも主役の座ををネットなどのメディアに明け渡す所まで来てしまって、再び文化大革命が起こってはいるのだが……)。

先の糸井重里に始まり、川崎徹、仲畑貴志らのコピーライター、村上春樹、橋本治、高橋源一郎、村上龍、野田秀樹、中沢新一、浅田彰らの作家や学者、たけしやタモリらのタレントらなどが紡ぎ出す新しい言葉をもった才能が涌き出してきた。『広告批評』は、まさに、既成の権威を壊し、新しい話法を創りだしていくプロセスを巧く捉えて発信し、潮流を作ってもいった。

この頃が、もっとも元気な頃で、単なるコピーライター養成講座とは全く異なった一流講師陣に超一流の特別講師も加えての「やさしさ・きびしさ」をもった「広告学校」という講座も開き、話題ともなった。

そして、編集長が島森女史にバトンタッチされたのが、八八年一月の一〇一号から。ここで、また第三の転換期に至る。八九年に昭和天皇の崩御、ベルリンの壁の崩壊、翌九〇年にはバブルの崩壊も始まる。成長神話が崩れると同時に、新しい言葉も広告の多様化・細分化と共に袋小路に入っていく。媒体にもウェブをメディアとした広告の比重が増えていき、ラジオ・新聞を抜いてしまう。

・その後の『広告批評』と

オンリー・イエスタデーと言ってしまえば、それまでだが、『広告批評』との繋がりは会社を去ってからもずっと続いた。良き読者であったかどうかは別にしても、終刊となった〇九年の四月最終号まで三〇年の長きに渡っての定期購読者であった。間接的には、時に熱心な読者として、『広告批評』の批評を展開したり、中学校の教員として特集の「戦争の広告」で研究授業をして発表したりした。

そんなつまらない駄文や授業の指導案や、ビデオにとった生徒の様子などをマドラに持って行くと、天野編集長も島森女史も皆、こんな風に使ってもらえるとは……と喜んでくれた。

天野編集長や島森女史とは、それからも付き合いは個人的には続いたのである。ただ、『広告批評』の販売部数も伸び、売り上げも上がっていき、メジャーになって南青山に移転してからは足は遠のいたが……。

広告も八〇年代までは、テレビや新聞、雑誌、ラジオなどのマス広告の時代であって、広告費の七割強を占めた。広告費も右肩上がりで、マス広告の批評が大衆文化の批評にもなった。それが、インターネットの普及が徐々に進むと一変した。職場でもラインに繋がったＰＣに占拠され、ワープロ派で頑張ってきた筆者も、九七年には机上をＰＣに譲らざるを得なくなった。ネット広告費も、九七年の六〇億円から〇七年の六〇〇三億円にまで百倍になった。僅か一〇年足らずの間にである。

七〇年代からのテレビＣＭ全盛期の時代は三〇年余で潰え去ったのである。まさにウェブ広告の時代に入ったのである。天野社主曰く、「ウェブ広告の批評は、新しい発想で始めた方がいい」と。

思えば、『広告批評』は「今日の広告」を月刊誌化したもので、天野社主の以前からの考えである広告の一般大衆に向けての発信であったように思われる。それは、広告が広告界のみのものであってはならず、広告をもとに社会や文化のことを考えていかなければもったいないというものであった。

当時は『ブレーン』と『宣伝会議』が市販されていた月刊誌で、電通の『広告』なども含めて、すべてはマスコミや専門家向けであったような気がする。

・エンドマーク

一世を風靡し、広告界のみならずマスコミ界にも新風を吹き込んだ『広告批評』ではあったが、終刊を迎えるときに感じたのは、ネット云々ではなく、一つの区切りをつけたんだろうなと感じた。

ネットでは、島森編集長の病気が原因らしく、天野社主が引導を渡したらしいことが伝えられた。原因不明の重篤な病に何年も伏しているとは全く知らずにいた。しかし、確かに一区切りをつけるのに、十分にそして余りある役割を『広告批評』は果たしたのではなかろうか。

お二人のご冥福を祈ると同時に、今しばらくはこの世で広告も含めた世相を愉しく眺め、後に天国に行けるようであれば、広告のまた手ほどきからみっちりたたき込んでいただきたいと思っている。時間は無制限で。

第二閲覧室　推理とＳＦの部屋

■まえせつ■

この閲覧室では、推理小説のごく一部とSFについては今日までの流れを（個人的な体験も入れて）記してみた。

内容的には、個人的に興味惹かれた本や小説類に限ったわけで、旧刊読みの類いが多いのだが、それは致し方ないと思っている。SFについては、遙か昔に熱中していた頃（三〇余年くらいも前に「ハガジン」なるファンジンを主宰していた頃）を想い出しながら、古雑誌を紐解くうちにお温習いがしたくなってまとめてみたものである。二〇〜三〇代の頃には「大陸書房」なる出版社から出ていた「四次元」、「失われた文明」、「失われた世界」などのシリーズの奇談や似非科学的ミステリーの類の本を読み漁っていた。今でも「Ｉｆの世界」とか「〜の謎」といった類いのものには強く興味惹かれて、本や雑誌を購入していて、相変わらずなのではある。最後に入れた「古史古伝」のミステリーもその表れのひとつである。歴史においては、正史は勝者（権力者）の作ったものであり、それが真実をすべて伝えているわけではない。「偽史・偽書」といわれる文書のなかにも真実が含まれていることもあるのである。ともあれ、Ｉｆの世界やミステリーに興味を持って推理してみることは、この上もなく愉しいものである。昔を懐かしんでいただければと思うし、あらためてこういった事柄への関心を持っていただくのも良いかと思う。

古書とミステリーの饗宴

…紀田順一郎『第三閲覧室』（新潮社・創元推理文庫）…

重厚長大、読み応え十二分の本格長編古書ミステリーが読書論の第一人者紀田順一郎の手によって完成した。氏のこれまでの一連の古書ミステリーと若干（本の街・神保町を舞台とした探偵役の須藤康平の登場もないなど）異なるものがあるとはいえ掉尾を飾るに相応しい作品になっている。

既に創元推理文庫に編入されてからでも一〇年余になる。それほどに時の経つ速さには恐れ入るばかりであるが、内容的には全く古びてはいない。読者評では、ミステリーについてはプロットとしての発展性に乏しいとか、大学内での醜聞、図書館や古書の蘊蓄などのビブリオマニアックなネタ（や故事成語）についても月並みとの評が多い。

しかし、じっくり読めば、これは氏のこれまでの古書ミステリーの集大成として、古本や古書をめぐる様々な職業人の（といっても大学教授や図書館人、古書店主、新聞や業界紙の記者などが中心になってしまうが）本への愛着、執着と人間模様を描出し、推理小説としても新境地を開拓しようとする意気込みのようなものを感じ取ることが出来るのである。

確かに、古書に纏わる話にはミステリーが似合う。そんな言葉を誰が言ったかは別にしても、古書好きには納得のたまらない魅力を備えている小説であることは確かである。

筆者の六畳の書斎は黴臭い古本・雑誌など雑書の山に囲まれているのだが、そんな部屋とは及びにもつかない豪華天金モロッコ装やベラム装の何千冊もの稀覯本が豪華な書棚に収まった部屋。これが南大沢に新設された誠和学園大学図書館四階の「第三閲覧室」なのであり、学園創設者であり学長の和田凱亮の個人図書室である。

この「第三閲覧室」で美人の図書館司書・結城明季子の遺体が発見されるところから、ミステリーの本筋に入る（第二章の「検索」以降）。

それまでの話（第一章に当たる「入館」）の中では、舞台となっている多摩丘陵に新設された誠和学園大学やその図書館情報学部講師（元新聞記者で出版協会に勤務していた）島村の紹介にあてられているが、この島村こそ、まさに紀田氏の分身であり、古本マニアに共通する性格をも体現している人物である。それは、本好きの人嫌いのため（会社にいた時も組織の人事などには全く関心がないばかりか、インフォーマルな関係を敢えて避けてきたこともあって）友人は殆どいず、古本屋の棚に珍本を見つけ手にとろうとすると目覚めてしまうような夢をよくみる体質で、包装紙や紐などが容易に捨てられない貧乏性でもある。（これらは、ある意味「本好きの人嫌い」という人種に特有の特徴でもあるのだが、誰しも表向きは、正常な姿を装っているため、気づく人が少ないだけなのである）それでも、島村は今までに、図書館や文学館の探訪記を出したり、郷土史のような本も数冊は出したりと興味の赴くままの著作活動をしてきた。そのため、これといった主著とでもいえるような本はなく、そろそろライフワークに取りかからねばと、還暦を過ぎると残り時間が気になってきているようなのだ。これは筆者も含め定年を過ぎた蔵書家、古本マニアであれば誰しもがタイムリミットや、蔵書の行方を気にかけざるを得なくなってくるものではある。

　死後の蔵書の手配はつけておいたと豪語していた作家で古書収集家の山下武でさえ、氏が半生にわたって散財し苦労して蒐集した貴重な本や雑誌が死後二年後には見るも無惨に殆どが散逸してしまったらしいのだから、蔵書一代とはいえ、儚いものではあるのだ。が、氏が一連の古書を評論やエッセイに残したればこそ、多くの山下ファンにとっては、それが形見ともなっているのである。本書の二七七頁（第五章「複写」）にも「本を集めるだけなら、単なるブックマニアと思われるだけ、問題はその集めた本を使って何をするかだね。……蔵書をもとに研究業績をあげなければ世間から評価されない云々……」の記述があるが、雑本ばかりの筆者の書斎の本も、本嫌いな女房や息子であってみれば、散逸は免れ得ず……。となれば、それらがバラバラになっても残るように著書にして残しておくのが、せめてもの償いといえるのではなかろうか、と最近はワープロのキーを忙しく叩いている。

さて、後半で重要な鍵になってくるのが『現日』(全六三冊の『現代日本文学全集』の用紙)である。が、円本ブームになった文学全集を島村は敢えて研究テーマに選んだ。というのも、研究者間ではありふれたものを手がけても業績にはならない雰囲気がある。マスセールを前提とした営利出版の文学全集などは個人全集と違い、今では二束三文で処分されるものだからアカデミックな研究対象にはなりにくい。そのため先行研究は皆無に近く、この全集の編纂方式が戦後のそれに、どのような影響をもたらしたかについて実証的に研究されたことがないという事実であった。(後、彼の論文「昭和初期文学全集の実証的研究」は学長の喜寿記念論文集への寄稿となった)

第二章の「検索」以降は、主役は「明朝堂」という古本屋の主人・岩下芳夫に移っていく。物語もいよいよ図書館司書・結城明季子の中毒死について、事故か事件(自他殺)かの両面で検討に入っていくことになる。燻蒸中の書庫に入って行くこと自体がそもそも不自然であるし、動機もわからない。加えて、防毒マスクも専用のものをつけずに間違えて別のマスクをつけて入ってしまったこともわかったが、燻蒸に使われたプロムメチルⅡは即死させるような毒性がないことも明らかなのである。警察はあらかじめ何らかの毒物で被害者の自由を奪っておいて、昏睡状態にしてから書庫に運び入れたと考えているようであった。

　となると、動機の解明になるのだが、遺体発見の前日と前々日に図書館にいたのは、島村と館の職員（事務局係長の浦辺康一郎と受付の中村寿美子）二人だけということになった。ここで登場するのが、探偵役の今野という新聞記者で岩下とタッグを組んで調査に当たることになる。

　話は大学人事（学長人事や図書館の図書費の私的流用）についてや、和田凱亮の養子、宣雄（助教授）や毛利教授らと学園のマドンナで図書館司書・結城明季子との関係が取り沙汰もされる。が、島村については、本以外のことには全く関心のない朴念仁で石部金吉そのもの、そういった類いの噂は全くなかったことが判明する。まあ、古本好きの人間なら本については金に糸目をつけずに散財はしても、それ以外の出費は極力控えめで質素、吝嗇でさえあるのが共通項。悲しいかな、酒や女にン万円もかけるようなムダは出来ない性質なのである。

　ここで、浦辺に案内されて（館長や所長のいぬ間に）「館長室」に入ってみると、古書価は四〇万はくだらない大物の現代詩集ばかりが樫の扉付きの書棚に並んでいた。さらに奥の書棚には、どの一冊をとってもコレクター垂涎の極稀本、珍本のセットばかり。その時、鶯色の拵え帙が目に入る。開けてみると、それは天下の孤本、濃茶のミューズコットンを用いた一枚表紙、厚さは五ミリ、四六判の『陽炎』（滝口謙三、ロン書房版）であったのだ。冴えない本だが最大級の幻の本で、かつて学長が新発見の稀書として、国文学の雑誌や紀要に発表したものであった。それはまさしく北村透谷の『楚囚之詩』の発見に匹敵するものであった。とすれば、「第三閲覧室」に入った女性（明季子？）は『陽炎』を見るか盗むかの目的だったのか。となると、当日に『陽炎』が「第三閲覧室」に燻蒸で運び込まれたことを知っていなければならないことになるが……。

いよいよ話は佳境（第三章「貸出」）に入っていく。『陽炎』の情報を得るために岩下が頼りにしたのが、日本古書情報通信社主宰の長坂晋次郎。古本界のご意見番である。長坂によれば、現代詩のコレクター小山兼六が絡んでいると。和田凱亮は別のルートから仕入れたにもかかわらず、あたかも小山から仕入れたように細工をした。それには公に出来ない何か不正なルートで入手した臭いがする……。しかも、書誌学者の奥田先生に実物を見てはもらったのだが「存疑」（疑いが残る）という見解で、古いには相違ないが、ロン書房版に特有の瀟洒な気品とでもいうべきもの……濃茶色の表紙、灰色の見返し用紙も少し安直な選択で面白み……が感じられないとのこと。戦前ならロン書房など知られておらず、本を偽造するなんて考えられなかったが、昭和三〇年代になってから相場がつき、コレクター垂涎の的になったという。かりにニセモノとすれば相当の腕前であるに違いない。

今野は岩下からのこれらの情報を聞き出すと、事件には稀覯本が絡んでいるのではという直感を披露した。すると真贋の鑑定なら府川勝蔵という紙博士がいると長坂。また、明季子の経歴も詳しくわかってきた。父親の職業は活版印刷業で経営難で群馬にある大学（高崎の誠和？）に吸収されたらしいことも掴めた。紙は昭和戦前と一六年以降では戦時中で紙質は極端に悪くなるので、推定は出来る。となれば後は印刷（活字とインク）、最後に綴じ糸やニカワになるのでは……。

ということで、全ての登場人物も出揃い、第四章「閲覧」、第五章「複写」以降、謎が徐々に解明されていく。結城明季子と父親の関係、宣雄がかなり絡んでいそうなことや『陽炎』と『現日』の用紙の関係……。様々な背景と本に対する執念から天下の孤本である『陽炎』偽造のカラクリが解けていく。そして、結城明季子殺害の犯人、デス・メッセージの意味も……。

謎解きゲームとしての推理小説

……江戸川乱歩編『推理教室』（河出文庫）……

今流行りのミステリーの多くは、戦後の推理小説ブームに端を発していることは間違いない。

大正末期から昭和の初めにかけてエロ・グロ・ナンセンスといわれた時代、『新青年』を舞台にして、まず起こったのが「探偵小説」のブームであった。高等遊民の読物として横溝正史、江戸川乱歩らが活躍し始めた時期でもある。

その後、小栗虫太郎、木々高太郎、久生十蘭、蘭郁二郎などが続き、第二期の黄金時代が続く。そして、敗戦の焼け跡、闇市から多くのカストリ雑誌が生まれると同時に「推理小説」も活力を取り戻していく。専門の『ぷろふいる』や『ロック』『猟奇』『探偵実話』といった雑誌、特に『宝石』からは、多くの作家が巣立っていった。

さらに、昭和三〇年代、今日のミステリーブームの火付け役となった動機を追及する社会派推理小説が松本清張によって起こる。現代のミステリー作家の多くも、この流れに沿って、ハードボイルド、警察小説、冒険小説等と進化・発展、浸透・拡散してきている。もはや変格とか本格とか分類することさえ、意味をなさなくなっているのが現状であろう。

とはいえ、動機こそが社会派の最重要であるはずなのだが、それが不在であるのが、昨今の大作エンターテインメントの特徴にさえなっているという矛盾もある。

福田和也も『作家の値打ち』で述べているが、真保裕一、高村薫、天童荒太、東野圭吾らの作品の中に見られるのは、幼児期のトラウマで、重量感溢れる大部の作品が無力感と責任回避、幼稚さの擁護に帰してしまっている現状は、動機の薄弱に由来していて、何とも虚しいと。


ところで、筆者がまだ小学生だった頃、丁度、昭和三〇年代の推理小説ブームと重なって人気だったのが、NHKで放送された推理番組「私だけが知っている」（昭和三二年〜三八年）である。徳川夢声を探偵長とし、探偵局員の面々が自己の推理を披露し、それを長が取り纏め、局員の総意としての解答を提出、その後に謎解きがなされるというものであった。推理クイズとしての愉しさ・面白さを知ったのが、この番組であった。当時、多くの推理短篇がアンソロジーとしてまとめられ出版されたのも頷ける。その先駆けとして刊行されたのが、この『推理教室』なのである。

当時の中堅・新進の推理作家一二人による書き下ろし短篇の本格もので、トリックも重複のないように心がけたようである。

その「まえがき」のなかで、乱歩は推理小説の醍醐味を語り、トリックを大まかに分類し、紹介している。それは……、

一、一人二役：（替玉トリック）或る人物が別人に化けたり、被害者を装ったりしてアリバイを作るなど

二、自己抹殺：消失、自殺と見せかけた他殺、他殺と見せかけた自殺など

三、密室トリック：ドアにも窓にも内部から鍵のかかっている部屋で人が殺されていて、犯人の出ていった跡がないという不可能犯罪

四、足跡トリック：当然犯人の足跡の残っているべき場所に、それが全く発見できないという不可思議など

五、指紋トリック：これはあまり作例がない。にせ指紋のトリックなど。

六、時間トリック：乗物の速度のちがいにより、時計の針のごまかしにより、音や声のごまかしにより、アリバイをつくるトリック

七、凶器と毒物のトリック：ちょっと人の気づかないような凶器や毒物を使って不思議な犯罪をつくり出す

八、隠し方のトリック：人間や、その死体や、宝石その他の貴重品を意外な場所に移す

九、暗号トリック：難解な暗号を解く興味

一〇、動機のトリック：ちょっと気づかないような犯罪動機を考え出して捜査を困難にする

一一、その他のトリック：プロバビリティの犯罪、正当防衛と見せかけた殺人、一事不再理の原則を利用するトリック、犯人自身が遠方から自分の犯罪を目撃したと見せかけて罪を逃れるトリック、交換殺人、鏡のトリック、錯覚トリック等。

となっていて、これらのどれかが作品に使われている謎解きの推理小説となっている。とはいえ、どれもが短篇であるための困難性を抱えていて、解答を読んでも納得させられるかといえば、そうでもない。ミスリードしてくれるような仕掛けも短いが故に困難であるし、犯行の手口にも、実際には有り得ないような荒唐無稽なものもあったり、無理が多く散見されたりした。

動機についても、しかりで、矛盾を孕んでいる。単純な（現実には有り得ないような）間違いも探し出すことが出来てしまい、（失礼ながら）乱歩が実際に編んだのかさえ疑わしいような貧弱な内容のものもある。文庫解説の山前譲もその点を考慮してか、個々の作品に対する解説は控えていて、トリックについての概説を行なっているのみである。とまれ、得心できるトリックを使うのが如何に難しいかも分かるが、昭和三〇年代を垣間見る風俗小説の一種として、堪能する愉しみもあろう。

とはいえ、ここで取り上げた三作品は、解答を読んでも、動機に無理がなく、犯行も一応納得しえたものを選んだ。何しろ短くも本格派なので、謎解きゲームとして、読者もそう腹を立てずに済むのではなかろうかと……。

そこで、推理作家がトリックをどのように施し、読者であるシロトの目を誤らせるのかを縦・横・斜めに解釈を施し、社怪学的に考察して、謎解きゲームとしてだけではない愉しみ方にも言及してみようと試みたわけである。

【尚、問題文は短編であり、さらにその骨子のみの要約・抜粋のために分かりづらいところもあるが、それを承知で解答を導き出してほしい。一字一句丁寧に解読し、考察をお願いしたい】

■「四人の同級生」

永瀬三吾著…筆者としては、上位にあげたものである。動機も犯行の手口も無理なく、常識の範囲内でのもので一応、納得のできるものであった。

□問題のあらすじ

登場人物は、料亭・月の家の一人娘で美人で独身の浜子、それにご執心なのが、若手の市会議員で腕力の強い体軀の依田と海産物問屋の藤尾、自動車修理工で貧しい母親ひとりに育てられたせいで、ひねくれた性質でケンカで幾度か警察の御厄介にもなった早村と、皆、同級生である。さらに金持ちの山岸という男は小学校の同級生であった。が、その山岸と浜子が結婚したのだという。

招待されたのは、依田、藤尾、早村の三人。早村は、金目当ての結婚だと述べ立て「俺は失恋した、生きていても仕方がない」と言うと、内祝いの革バンドなどに目もくれず、庭を抜け岬の方まで行って岩頭に現われるや海中へ逆さになって落ちてしまった。覚悟の自殺で遺書も見つかったが、死体は発見できなかった。

その二日後、今度は山岸が浜子の部屋の真ん中で倒れていた。首に革バンドを巻き付けられて死んでいた。これは、贈り物にするための特別な三本の一つで、棚にはもう一つバンドの入った箱があった。とすると、バンドの行方は……。

警察の取り調べに、藤尾は驚いて、妻子ある身なので浜子への好意はただヒイキ程度であったと述べ、バンドも持っていた。とすれば、凶器に使われたバンドは依田のものだ。が、依田はバンドは失くしたと言い、アリバイについても市会の秘密の会合だとして答えようとしない。が、バンドは確かに月の家に置き忘れたもので、女中が山岸に直接渡したという。となれば、依田の容疑は薄れる。月の家の裏口から少しのところに女下駄の足跡があったが、それは早川の年老いた母親のもので、稲荷鮨を不憫な息子への成仏にと買って天狗岬の突端から投げてやったというもので、店の証拠もあったし、バンドで山岸を殺せる力などはない。となれば、浜子ということになる。早村と喫茶店で会っていたのは、誤解されるような手紙を断るためであったということも分かり、金目当てというのも、正式に入籍しておらず、浜子の白もはっきりした。となると……。

●解答：分類二の自己抹殺のトリック

革バンドが箱の中にあるのを知っていて、取り調べのしてない者は、自殺したはずの早村だけであった。確かに遺書はあったが、死体は発見されていない。早村が犯人だとすれば、前もって自殺したように見せかけ自分を過去の者にしておけば、犯跡を昏ますことは可能だ。何せ、遺書まで書いた男が屈辱のお祝いの席に出て、自殺を図るようなことをするか。月の家と断崖までは距離もあり、人形などを使ったトリックを行なえば、気づかれない。さらに老母の買った三〇〇円の稲荷鮨も、早村の弁当と考えることが出来る。早村は、すぐに逮捕され、山岸の絞め殺しを白状した。

○社怪学的考察

早村の浜子への想いが、異常なほどに強かったに違いない。掲載の文章中には、はっきり出てこないが、変質的なところがあったことが伺え、山岸への強い殺害動機が芽生えたとすれば、納得もできる。ただ、自殺場面は、夜で岬の突端だとはいえ、皆が誰も見に行かず、ほっといたというのは無理がある。同級生なのに無関心すぎる。トリックの人形も夜のうちに片付けねばならず、処理はどうしたかも疑問が残る。風船のような人形に紐をつけておいて、落とした後にすぐ引き上げ、（老母に打ち明けておいて、匿ってもらい）姿を眩ませたとするなら、可能だが……。三〇〇円の稲荷鮨というのも今では一人前の量だが、当時にすれば、二人前くらいの量であったのであろう。貧乏な早村の母が海中へ捨てるにはもったいない量ではある。

永瀬三吾は他に「呼鈴」という作品も同書に取り上げられている。

■「不完全犯罪」

鮎川哲也著…次点をつけた作品で、実際によくありそうな犯行で、動機、犯行とも納得できる。正に題名通りの内容。

□問題のあらすじ

多くの犯罪は指紋から足がつく。中田晴吉は何が何でも指紋だけは残すまいと思った。中田はそれほどに用心深い男であり、石頭でしかも陰気であった。それが、同じ会社に勤めるタイピストの米山民子と噂になったというのだ。求婚の言葉を発したところが、民子の答えはノーだった。それは、同僚の日野辰彦にも求婚されていて、民子の弟の就職口を世話してくれた恩義があるからだと。それが、同期入社のライバル日野でなかったなら殺意はおこさなかったかもしれないのだが……。

　中田は慎重が上にも慎重を期した。自殺に見せかけるのは、結婚を前にうきうきしているのに、遺書を書かすのは難しいし、勘ぐられる恐れもある。そこで、過失に見せかけることを考えた。これならアリバイさえ準備しておけば、大丈夫だと確信した。

　七月初旬の日曜の夕方、賽は投げられた。中田は変名で借りたルノーで、武蔵野の日野の家を訪ねた。民子には、きれいさっぱり諦める旨を伝えておいたので、日野はご機嫌で迎え入れてくれた。中田は指紋を残さないためにも手に触れたものは全て覚えておくようにした。そして時を待った。日野が後ろを向いたとき、持ってきた岩石で後頭部めがけて打ち下ろした。それからカップ、スプーン、灰皿を片付けた。そして日野の屍体を駐車しておいた車におろし、凶器の岩石と床に血が落ちてないかにも注意して、玄関ノブの指紋もぬぐって消し、窓もすっかり閉じた。これで中田が日野の家に来て、殺人をしたあとは全てぬぐいさられたはずであった。

　それから七時には、中野駅近くの暗闇に車をとめて「ハッピー」というバーに顔を出した。そして、ちか子という年増女給を四時間近くも追い回した。中田は酔ったふりをして酒はシュロの植木鉢に捨てていた。店を出ると車首を鎌倉に向けた。

江ノ島に着くとトランクから日野の屍体を引き出し、断崖のふちまで屍体をかかえて行き、手を離した。凶器の岩石も一緒に落とした。翌朝、なにくわぬ顔で車をもどした。住所や氏名は出鱈目なので足のつくはずはなかった。

ところが、日野の死が自殺でないことは簡単に割れた。中田の殺人計画のどこにミスがあったのか。

●解答：分類五の指紋トリック

大勢は過失死という判断だったが、結婚を巡ってのライバルがいたと聞いた瞬間から、他殺もありうると背の低い警部は考えたらしい。中田は、殺害されたのが六時〜七時というのならアリバイがあると主張した。が、植木鉢の泥まで調べ（多量のウイスキーを検出）、車についていても住所・氏名を偽って借りたものを調べると、該当車は三台のみだが、その一台から日野の毛髪や鼻血が発見できたと。さらに、殺害現場が日野の家だとすると、犯人の指紋があるはずだが、それはなかった。が、玄関のノブまで拭いてしまったのは、やりすぎで、日野が鎌倉まで行ったとするなら、当然にノブには日野の指紋がついてなければならないはずなのだが。

○社怪学的考察

中田が用心深い男であり、慎重が上にも慎重を期したというのには余りにも御粗末で、石頭で頭が相当に固かったとしか思えない。そもそも、自殺に見せかけるのは、結婚を前にうきうきしているのに、遺書を書かすのは難しいし、勘ぐられる恐れもあると考えていたはずなのに、結果は自殺にしか見えない点である。遺書もないので、崖から誤って落ちたと考えられないでもないが、なぜ一人で江ノ島に行ったのか、妙なことだと思われる。となれば他殺の線が浮かび、捜査となる。いい加減な住所は却って怪しまれる結果を導いてしまったともいえる。警察も、こんな幼稚な手口に騙されるハズもない。当時でも鑑識の調査は綿密を極めているのだから、毛髪一本でも見逃すはずはないのである。

■「無口な車掌」

飛鳥高著…動機からすれば、犯人は車掌と考えられがちなのではある　が…。果たして、読者に「してやられた」と思わせることが出来たか。

□問題のあらすじ

伊藤美和子は城西バスの車掌の中では大柄であった。顔は十人並み以上だったが、無口で度胸の据わった女であった。

私と美和子は、私鉄のK駅と渋谷を往復する始発バスに組んだ。車庫は、K駅まで五分くらいの所の路線上にあった。始発バスは、六時三〇分に車庫を出て、三五分にK駅に着き、四〇分にK駅を発車、以後渋谷との間を往復する。車掌の制服は運転手と同じ派手な紺の上衣にズボンであった。美和子は、車庫とK駅の間に借家を借りていて、老継母のハルと二人で住んでいた。ハルは小金持ちで、小金を人に貸していたらしい。

バスは空で六時三〇分には出発した。そのままなら、午後の一時まで勤務するはずだったが、渋谷まで行って車庫に帰ったとき、美和子は呼びおろされた。それは、美和子の家で何かあったらしく、警察から連絡があったというのだ。午後一時、私は事務所に帰った時、美和子の継母が殺されたというニュースを聞いたので、すぐに美和子の家に行った。彼女の家までは一〇分くらいであった。あとで聞いた話では、七時過ぎに洗濯屋が届け物を持ってきて、変事を発見。ハルは玄関で頸に城西バスの手拭を巻きつけられて死んでいた。発見された時には、まだ体温が残っていて、死後三〇分くらいだろうと推定された。家の中は、荒らされた形跡はなかった。盗られたものは、タンスの小抽き出しを開けると、郵便貯金の通帳（残額四万一二〇〇円）と現金二枚の十円銅貨が発見されたきりであった。

そこに、事件の目撃者が現われた。伊藤家の隣の家に住んでいる宮本圭子という女学生であった。彼女は障子を開けていて、板塀の隙間から外を通る人の膝の辺を見たと言った。

洗濯屋さんの来る二、三〇分くらい前に一人伊藤さんの方へ行って、また出て行った人がいて、紺色のズボンをはいていたと。とすれば、その人物が来たのは六時三〇分から四五分くらいの間で、ハルの死亡時刻と一致する。その折、刑事は怪しいアリバイのない一人の男を見つけた。その男は信太といい、薄緑のズボンをはいていて、タバコを買う金も無いのに競輪へ行くつもりだったと言い、あやふやなことを言って誤魔化そうとしていた。

もう一人の刑事は、ハルと仲が良かったという近所の女房から、美和子に好きな人ができて一緒になりたいといった話を聞き、ハルは運転手なんかより経済的に安定した商家のところにやりたいと漏らしていて、二人の間にはいさかいがあったらしいことを突き止めた。そこで、圭子に、今朝と同様に板塀の所から見てもらった。

一人はグレイのズボン、一人は紺色のズボンで、刑事に連れられた美和子であった。紺色の方に間違いないと圭子は言った。美和子に質問すると、六時三〇分に車庫を出て、K駅に行き、四五分には車庫前を通過しましたと答えた。運転手に聞いてもらってもいいと。美和子のアリバイも本当らしくなった。

●解答：二つの錯覚のトリック

女車掌だって、事実上バスの運転ができるかも知れない。朝、待っている客の少ない時、バスを回送にして空で車庫と駅の間をひと廻りしても、バスの中は見えにくいから、車掌が運転手の制帽を被っていても、外から気づく人はいない。運転手と車掌の制服は同じ生地でできている。

私は、美和子と結婚しようと思ってはいたが、それは何ともいえなかった。美和子は、次のように言った。

「あの人は車庫を出る時、ちょっと行ってくるから、客を乗せずにひと廻りしてきてくれと言って、帽子を被せて行きました。車庫の近くに帰ってきたとき乗って来ました。わたしはアパートに忘れ物を取りに行ったくらいに思っていました。が、まさか……あの人が」

私は信太と同じアパートに住んでいた。美和子とは許し合った仲だったので、多くを言う必要はないと判断したのが、問題であったのだ。彼女は私におふくろを殺してくれとはっきり言ったことはなかったし、結婚しようと言ったこともなかった。無口な女であった。

その後、美和子は商家の大店の息子と結婚したそうだが、あのおふくろがいるのじゃ厭だと言っていたという話を刑務所で聞いた。

○社怪学的考察

結局、美和子のためにと思って殺ったことではあったが、共犯も事後従犯も立証できるものはなかった。恋仲で肉体関係があっただけでは、何らの証明にもならない。結果的に得したのは、美和子であったことになるのだろうか……。

　私が語り手であることもあってか、犯行については、信太という与太者と美和子のみのどちらかという判断にならざるを得ないだろう。が、そこに運転手の私にも殺す動機があって、紛らわしいが、犯罪を行ないうる時間もあったと。運転手は白い手袋をしているので、指紋は検出されなかったということか。

乱歩の「陰獣」と竹中英太郎

江戸川乱歩と竹中英太郎を結びつけたのは、紛れもなく『新青年』という探偵雑誌であった。乱歩の小説「陰獣」と英太郎の挿画が合体した作品は一世を風靡したと同時に、二人の奇才にとっては共に新たな出発点になりえたからである。

この辺の事情については、後に、英太郎の言葉より詳細に見ていくことにしたい。

これより話を進める前に、ここで博文館の『新青年』という雑誌について一寸触れておきたい。作家の山下武は『新青年』を「メンズマガジン・全方位的雑誌」と称した。が、一九二〇（大正九）年の創刊当時は、海外雄飛を夢見る堅実な農村の青年層を対象にした娯楽総合雑誌だったのだ。創刊号の表紙も、なんともとりとめもない農村風景であったことからも伺える。

大正教養主義、大正デモクラシーには、好意的とはいえない修養訓話や科学的啓蒙的な話が並んでいたのも無理はない。それが、一九二三（大正一二）年の関東大震災による破壊と復興で、読者対象は都市文化を享受する学生やサラリーマンへと変化していき、硬い記事ばかりでは飽きられると森下雨村初代編集長が、海外探偵小説の翻訳を載せるようになり、モボ・モガ時代を代表とするメンズマガジンとなっていった。

勿論、続く編集長が横溝正史、延原謙、水谷準と続いたことから、探偵小説がメインになってはいったが、映画、演劇、スポーツなど幅広く載せ、また時局にも敏感で一九三七（昭和一二）年の盧溝橋事件（日中戦争勃発）では異例の特別増刊号も出すほどで、時局雑誌の性格も併せ持っていたことには注意を払う必要がある。

さて話を戻すと、乱歩のデビューは「二銭銅貨」と「一枚の切符」という作品であるが、最初は当時の文壇の長老、馬場孤蝶に送ったものの相手にされず、次に『新青年』の編集長の森下雨村に送ったのであった。すると「日本にもこんな作家がいるであろうか」と一読驚嘆した森下編集長は掲載を決定、「二銭銅貨」は一九二三（大正一二）年の四月号に掲載された。二九歳の作家誕生であった。デビュー作の評判は上々であったが、まだ自信の持てなかった乱歩は職業遍歴を続けながら、余技として執筆もするという二足の草鞋を履いた生活を送る。が、やがて明智小五郎が誕生する「D坂の殺人事件」と「心理試験」で自信をつけ、大正一四年から昭和元年にかけては長短篇合わせて三〇余の作品を発表、やっと職評作家として一人立ちすることになった。

新聞連載をはじめ、多くの雑誌に連載も持ち人気を博した乱歩であったが、自分の中に蓄積してあったプランを全て使い尽くし、アイデアに枯渇すると、一九二七（昭和二）年には休筆宣言をし、あてもない放浪の旅に出る。それでも、印税でかなりの収入を得た乱歩は、洋風三階建ての下宿屋の権利を買ったり、福助の社員寮を購入したりと下宿経営を行なうなどの商売の才も発揮したようであった。この休筆宣言の後、版元たちの熱心な勧めで再び執筆を始め、横溝が編集長の『新青年』に発表したのが再起作の「陰獣」であり、挿絵画家・英太郎との出会いであったのだ。

ところで、この「陰獣」には小説全体に大きなトラップが仕掛けられていて、それが最後にきて作者乱歩の術中に嵌まったとわかり、読者は切歯扼腕することになるのである。そこが、この小説の魅力ではあるのだが、そのために乱歩は二重にもトリックを（一つははっきりとわかる明瞭な形で、またあと一つは曖昧模糊とした極めて暗示的な形で）施したのである。

明瞭な形とは、主人公である私が探偵小説家であり、犯人と目される探偵作家・大江春泥（本名・平田一郎）が乱歩（本名・平井太郎）自身と二重写しになっているように見える記述が見られるところだろう。

例えば、春泥の著作に『屋根裏の遊戯』（『屋根裏の散歩者』）、『パノラマ国』（『パノラマ島奇談』）、『一人二役』（『一人二役』）など乱歩の実際の著作名に類した書名が出てくる。それらの作品からの引用が犯罪計画に利用されたり、事件解決の糸口になってもいるので、読者はかえって錯覚をしかねかねないともいえるのである。

また暗示的な形としては、例えば、次のような記述である。

「彼（大江春泥）は昼も夜も万年床の中に寝そべって、食事にしろ、執筆にしろ、すべて寝ながらやっているということであった。そして、昼間も雨戸をしめ切って、わざと五燭の電灯をつけて、薄暗い部屋の中で、彼一流の不気味な妄想を描きながら、うごめいているのだということであった」と。その他、日常生活においても風変わりで厭人癖や秘密癖、よく転宅したことなど、まさに人嫌いの乱歩自身そのものが薄暗い土蔵で小説を書いているという伝説をうまく使って真相を隠したことにある。

大正末期から昭和の初めにかけての都市モダニズムの時代を背景に、怪奇幻想につつまれた謎解きの世界が展開される。上野の博物館で実業家婦人小山田静子と出会い、そして平田一郎こと大江春泥のストーカー行為と常軌を逸した脅迫の事実を知らされる。が、碌々商会重役で温厚篤実な小山田六郎の正体が実は残虐色情者であり、静子も被虐趣味の持ち主であることなどがわかってくる。果たして「陰獣」の如き陰湿な行為をする春泥はいずこに……。

これらのストーリー展開に加え、見世物小屋、隠れ蓑願望に覗き趣味、さらに犯罪淫楽とでもいったようなエログロ・ナンセンスの極みが頻出してきての構成は、あたかも第二次大戦後のカストリ雑誌を想像させる趣でさえある。ただの探偵小説にとどまらない猟奇と妖美の魅惑の世界に庶民大衆が飛びつかないわけがないのである。

乱歩は、この大反響をよんだ「陰獣」により「芋虫」、「押絵と旅する男」、「孤島の鬼」、「蜘蛛男」と続けざまに作品を連載していくことになったのである。


この「陰獣」について英太郎は、『「陰獣」因縁話』(平凡社・『名作挿画全集』四巻附録、後『竹中英太郎画集』湯村の杜・竹中英太郎記念館発行に再録)の中で、探偵小説の挿絵というものは、犯人が挿画で一目瞭然としてはいけないので実に難しいと述べ、「陰獣」の中の大江春泥の顔さえも本当はハッキリと描いてはおらず、絵として面白い場面も種明かしになってはならないということで当惑したといったようなことを披瀝している。

「で、仕方なく私は、なんとなく動的な線や、得体の知れぬ明暗や、猥雑な小ものやを怪奇幻妖に構成することによって、これは一体なんだろう、という疑問からとにかく読んでみようと読者に思わせることを主眼として、どうやらやっと最初の挿絵を描き上げた」と。

その結果が木版画タッチのぼかし法の挿絵となり、それが(当然の帰結として!)出色の出来映えとなって読者に歓迎され、雑誌の増刷までを生じさせるほどであったのだ。謎めいた話に相応しい曖昧模糊の挿画があったからこそ、空前の大反響を呼び起こしたのも無理はない。むべなるかなである。

そして、この「陰獣」は英太郎にとって、まさに出世作となって、博文館内でも認められ、探偵小説だけでなく、髷もの、現代ものと仕事の範囲は広がり、それからは読売、朝日、週刊ものから少年少女雑誌に至るまで旭日昇天の勢いであったという。ここに押しも押されもせぬ怪奇挿絵画家としての地位を得たのであった。

作家の山下武は小論「戦慄と頽廃の双曲線」で次のように述べている。

大江春泥即乱歩と観じた彼がこの画譜において「怪奇画家竹中英太郎」の「総決算」を試みたほど、心中深く決するところがあったからである。すでに彼はその前年、最初の満州行より帰り、久しく画筆から遠ざかっていた。その彼が「名作挿画全集」にわざわざ「陰獣」を撰んだのは、それなりの理由があってのこと。

つまり、それを過去の一里塚として、明日の自分を規定しようとしたのだ。いいかえれば、乱歩が一年有半余の沈黙の後に「陰獣」で再起したごとく、たとえふたたび挿画を描くことになろうとも、これまでの「怪奇画家竹中英太郎」でだけはありたくない、という決意がそこにこめられていた。

というのである。それが証拠に、英太郎は一九三五（昭和一〇）年の「新青年」二、三月号に描いた横溝正史の「鬼火」を最後に、画壇から姿を消してしまったのだ。生来の反骨精神は、プチブル生活の甘えを揺るさず、覇気も野望も失ったインテリ・ルンペンの姿に懊悶、社会主義運動に身を投じることになった。
その後、一九四二（昭和一七）年には甲府に疎開し山梨日日新聞に入社、山梨県の労働界の重鎮として活躍する。やがてマスコミに名を成してきた子息・竹中労の作品に彩管をとるようになった。その筆さばきは衰えるどころか、モノクロの世界から鮮やかな色彩へと変化し、幻想・妖気に溢れた表紙やポスター、レコードジャケットとなって甦ったのだ。これらの作品は、「陰獣」の木版画タッチのぼかし法をも取り入れた艶やかで幻怪、蝶が飛び立つ如くに妖美なものとなったのである。

乱歩も英太郎も、この「陰獣」をとおして新たなる道を開くことになった。二人の異才も人生の一時期には逡巡、二の足を踏むこともあったが、それが後に大輪を花開かせることになったのも偶然とは思えないのである。

ミステリーに見られる昭和の地方の風土と人間関係

～山梨の古里を伝える田園・青春恋愛ミステリー～

…岩崎正吾『風よ、緑よ、故郷よ』（東京創元社）他…

誰しも、自分の古里というものがある。「ふるさとは遠きにありて思ふもの　そして悲しくうたふもの」と歌ったのは室生犀星であるが、岩崎の諸作に見られる山梨の田舎への想いは郷愁を誘う。同郷の者としては共感するところ少なくない。勿論、筆者の田舎は作者である岩崎の設定したであろう南郡（みなみごおり）とは若干、異なるものの（甲府寄りの中郡（なかごおり）と呼ばれるところで最近では甲府のベッドタウン化の波を受けてしまったところも一部はあるが）似たような因習は残っていて、推理小説として愉しむことはもとより、田舎（農村）を舞台にした青春恋愛小説として読むとよりいっそう親しみが持て、共感できるように思われる。田舎に古里を持つ者なら、日本のどの県でも大同小異の風俗習慣に、ノスタルジーを感じて望郷の念にかられることは間違いないのではなかろうか。

ところで、時代を昭和初期まで遡れば、山梨出身の推理作家・木々高太郎の『青色鞏膜（せいしょくきょうまく）』という作品には身延のそれもかなり奥まったところの山村が登場する。それこそ、旧習・陋習が蔓延り、本家と新家、門閥や血統、渡り者、下男下女といった身分の違いが根強く残っている地域である。深沢七郎の『楢山節考』に見られるような「姥捨て伝説」が、決して噂だけではなかった地域でもある。

昭和戦前のある意味では、地域に知らぬ者はおらんといったような皆、家族、親族の地域の紐帯が固く守られた閉鎖的なところが多く残っている地域が舞台である。よそ者は徹底的に排除されるが、身内仲間同志の信頼は篤く、絆は固い。

この小説の舞台ともなっている水里村は、富士川流域沿いで身延近辺からは少し奥まったらしい農山村が想定され、土地は狭隘で、かつては各部落が点在しつつも連携して集落を形成していた共同体であった。確かに、戦後以降の高度経済成長は、村から若者を奪い、都市へと流入させていった。

この話の中でも同級会に集まった面々には、東京や横浜で働いている者がいることからも了解できる。とはいえ、まだまだ、帰郷すれば、そこには年老いてはいても父母をはじめ親類縁者がいて、懐かしい豊かな大地に農村生活があった。都会の殺伐とした人間関係に比べれば、煩わしかったそんな関係も懐かしくなったような気もしないではない。

そんな富士川に沿って山に向かうところにある田舎の農村を舞台に、主人公の刈谷正雄が追っていくのは、殺害された父親の智一郎の犯人捜しであり、加えて埋蔵金も絡んでのミステリー仕立てのストーリーになっている。

舞台となっている山梨の南郡、それもかなり奥まった農村で繰り広げられるストーリーは、今より半世紀近くも前の昭和の四〇年代。まだまだ地元の祭りも同級会も盛んに行なわれ、盆の灯籠にともる灯にも闇夜を照らす明るさがあったようで、懐かしさを感じないわけにはいかない。が、あれから四〇年余、今では、過疎が進みすぎた僻地では、村で唯一の中学校さえ廃校になり、子どもや若者は全くといっていいくらいいない高齢の村（町村合併で名前こそ「町」に格上げされたが）となり、実体は集落の自治や冠婚葬祭が困難な限界集落に近い状態になってしまっている。

この作者が描いたような昭和の四〇年代の田園というか農山村風景の存在は、平成の世では、想像を巡らすことすら難しい状況に陥ってしまい、もはや、こういったミステリーは小説の中でしか存在することが難しいといえなくもない状況となっている。少子高齢化の波は、地方の村や町では、都会の何倍もの速さで急速に進行してしまった。

とすれば、この作品で描かれた世界は、まだまだ田舎が生き生きと活動し、年寄りが多くはなっても、若者の姿も見られるような昭和の貴重な地方を描いた農山村ミステリーであるといえよう。

ところで、話は父の智一郎が手にしていた紙切れが、小栗上野介の隠したといわれる謎に包まれた埋蔵金のありかに関わっていたことから、展開していく。なぜに、真面目な教師であった父が、埋蔵金の地図の切れ端を固く握りしめ盗もうとしたのか？　その理由は？　そして、刺殺されなければならなかった理由はなぜか？　当時の警察の下した事故死の結論を一五年も経過したあとに、いくら息子とはいえシロトの自称「探偵」なんぞに解明できるのかといったところなどは、興味津々で展開の先にあるものに関心を惹かないではない。

都会で過ごしていた正雄は事件の時効まで二ヵ月と迫るなか、古里・山梨の水里村で情報を再度洗い直し、かつて過ごした地元に徐々に慣れ親しんでいく。それは、同級会や盆踊りであり、親戚や知人、クラスメートなど血縁や地縁がまだまだ色濃く残っていることを窺わせる地域の風景である。濃い人間関係が、事件に直接間接に影響を及ぼしつつ、暗号の解読も徐々に進み、解決に一歩ずつ近づいていく。

正雄は幼なじみの弓と家族同様の源じいこと刈谷源助という下男と三人で、埋蔵金のために掘った洞窟を見つけようと、阿弥陀岳という山中に分け入る。この後半辺りからは、手に汗握るといったほどでないにしろ、冒険譚を読むような次に何が起こるのかといった興味に惹かれる。

しかし、最初の方にちらっと出てきた山野を疾走する怪獣騒ぎも、第一〇章を読むと、何のことはない「ぬいぐるみ」を被った人間であればがっかりせざるをえない。が、古くからの因習の残る田舎であってみれば、訳の分からぬそんな噂話の一つや二つがあってもおかしくはないような気もするのだが……。さらに犯人も分かってしまえば、ドンデンがえしがあるわけではないので、なるほどなぁとは思っても、してやられたと思うほどのものではない。しかも、埋蔵金のありかを記した紙片は作り物で、しかも、無明時住職（ご前様の藤森光俊）も先刻承知（自らも正雄の祖父と企てた悪戯でさえあって）のことでは、ここまで来て何をかいわんやと思わないではない。

ネットの読者評には問題も多く、シロトのいい加減な思いつき的な感想が並べられているので、当てにはならないものの「ハラハラするようなサスペンス感はなく食い足りない」とか「ミステリーとしては成立していないし、必然性がない」といった手厳しい批判も全くの的外れといえないこともない。

とはいえ、それにもまして、田舎を思い出させる自然描写や地方ならではの因習、また正雄の恋の行方が（富島健夫の青春小説のような青臭くて、読んでいるこちらが恥ずかしくなるような表現もあるが）それらの絡み合った田園風俗小説として読むのなら、かつての古里は、こんな風であったなあと懐かしさに浸れることは間違いない。

高級アパートに巣くう老嬢らの人間模様

……戸川昌子『大いなる幻影』（講談社文庫）……

推理作家でもあり、シャンソン歌手や一時はマスコミでも大いに活躍した大姉御・戸川昌子が逝った。平成二八年四月二六日のこと、八五歳であった。ついぞ最近はテレビなどでも見かけなくなっていたが、どうしていたのか？ ……と思っていたこともなく、すっかり忘れてしまっていたほどなのだが。しかし、これはこちらが只単に仕事で忙しくテレビなどを見ることがなかったからで、「徹子の部屋」などには五八歳、八二歳、八三歳と息子とも出演、かつてと全く変らない姿には驚かされた。

今から半世紀近くも前には、テレビのワイドショーなどでコメンテーターや人生相談などで本当によく見かけたものだった。（筆者の若かりし頃）まだ三〇代位であった筈なのだが、貫禄は十分であった。

ところで大姉御といえば、沢たまきをすぐに思い浮かべてしまうが、（これは東京12チャンネルの「プレイガール」のボス・オネエ役からか？）戸川もそれに相応しい活躍をしていた。お昼から午後にかけてのワイドショー番組などでは、常連であったし、渋谷のシャンソンバー「青い部屋」のママとして作家や文化人……川端や三島、寺山修司や岡本太郎などにも愛され、何と平成二二年まで営業していたらしい。また推理作家としても売れっ子であった。

世に出で一世を風靡、活躍する時期というのがあれば、時が過ぎ時代が変れば、後進が出てきて、自ずと後退して行かざるを得ない時期というのもある。「あの芸能人は今?」などという番組を時々目にするが、商売を鞍替えして繁盛、経営者となっている者もいれば、田舎に戻って家庭菜園で暮らしている者、麻薬に手を出したり痴漢行為や殺人までしてお縄になっていたりする者もいて様々である。

また、芸能人ばかりではなく、一般人でも同じ。会社経営をして多くの従業員を使い年商を億近くまで上げながら、僅か十数年のうちに事業が行き詰まり、不渡りを出して夜逃げ、女房子どもにも逃げられて野宿、日雇生活のホームレスになっている社長も少なくない。

方丈記にもあるように、世は移ろいやすく儚いのが常。誰しもそれは免れ得ないし、人間の宿命かも知れない。そんな第一線を退いた(いや退かざるを得なくなった)人物(老女)らの生き様を克明に書き取ったのが、この『大いなる幻影』でもあるのだ。誰しも、過去の栄光(というほどでないにしろ現役中であればそれなりの仕事・役割があり誇りのようなもの)はあるので、現在のすることがない惨めな様には何とかして抗いたい気持ちはある。それをどう処理していくか、負け戦覚悟で必死の抵抗を試みるか、いやどうにもならないと諦めるか、現状を受け入れるまでには時間もかかろう。高齢になって発症するガンなどの老人病に対峙する時と同様な態度ともいえよう。

それにしても、戸川が若かりし三一歳でよくぞこれだけの年老いた女性の生態が描けたものだと思う。ただただ、その観察力と想像力に脱帽するしかなく、江戸川乱歩賞に輝いたのも当然といえよう。倒叙型の推理小説としては勿論、登場する老嬢らの人物造形は精緻を極め、今読んでも昭和三七年の作とは思えないほどに時代を感じさせないストーリーとなっている。勿論、当時では普通に使われた「混血児」とか「奇形児」、「びっこ」や「片端」など、今では差別用語として使われない言葉が入ってしまっているのは致し方ないにしろ、同時代を過ごした者には懐かしいだけでなく時代の雰囲気や当時の社会風俗をさえ連想させてくれる言葉であることは間違いない。

とまれ、改めて古びない作品内容には、異才、奇才と呼ぶに相応しい戸川の豊かな才能を感じないわけにはいかない。

近頃の推理小説は、設定にリアリティーがない上に、動機が全く見当たらないのだから、面白い分けがない。いくら「今世紀、最高！」とか、「○×書店三週連続第一位」、「いきなり一〇万部突破！」など（本当か！　と疑わざるを得ないような）刺激的惹句の宣伝文句が並んでいる作品でも、殆どは一勝一分け一敗といったところ。つまるところ、人間が描かれておらず、動機らしきものも漠然としていては、推理小説としてはがっかりでしかない。それに比べると、この作品の構成は精緻を極め、人物造形がしっかりとできているため実にリアリティーに富んでいる。

昭和三七年度の乱歩賞の選評でも「『大いなる幻影』は犯罪の謎解きではあるが、普通の本格推理小説ではなく、私のいわゆる「奇妙な味」の加味された作風でプロットが実によく考えてある」と乱歩自身も一位に推挙、絶賛を惜しまないように、純文学としても遜色がないほどに人物がよく描かれていて一気読みしてしまう仕掛けともなっている。

まず、この老嬢らが巣くうK女子アパート（今でいえば最新設備の高級マンション）のモデルとなっているビルは、戸川自身が管理人の母親と共に一五年間住み続けた由緒ある文京区の同潤会大塚女子アパートである。そのアパートは道路拡張工事のために油圧ジャッキで建物ごとそっくり四メートルほど移動させられるのだが、その地下室の共同浴場を掘ったその先には何が現れ出るのか？　といった興味と不安をも抱かざるを得ない……ところから話は始まる。

そもそも、このK女子アパート創立の目的は、女性の社会的地位の向上と私生活（プライバシー）の確立であった。しかも、昭和五年当時、マスターキー一つで一五〇あるどの部屋も開けられるというシステムは、日本で最初であったそうな。であればこそ、このM・キー一つで他人の部屋を覗き見できるという秘めたる愉しみは、そこに住む女たちの日常の営みを内側からも観察できるというもので、管理人やM・キーを手に入れた人の特権なのである。

戦前には、職業婦人（今どきならキャリアウーマン）といわれて第一線で活躍していた女性達だが、戦後の昭和三〇年ともなれば、定年退職となり一日中をコンクリートで囲まれた部屋で過ごさねばならなくなる。

東条管理人の言によれば、「かつては女性として多くの可能性を試みた人達が多いので、自然年をとると共に輝かしかった過去の日々だけを覚えていて、何となく依怙地に自分の殻にとじこもってしまう人が多く」「何の目的もなく昔のことばかり考えて生きている人間だけが残っている」のだという。だから「三階や五階の部屋々々で、無残に打ちくだかれた若き日の夢をいまだに見続けながら、ひっそりと暮らしている老嬢達が時たま洩らす吐息が廊下を流れて一つになり、玄関の空洞でいっせいに唸りをあげるような錯覚におちいる時がある」らしい。が、これは戸川自身の怨念のほとばしりなのかもしれない。

さて、そのM・キーを手にし、使ったことで犯罪が次々に引き起こされていく。それぞれの思惑、憾み（うら）や辛み（つら）、様々な言いしれぬ感情が交錯し、他人の部屋の中へと誘惑する。

田村兼子はもう一人の管理人で、同じ二階に住んでいる女学生時代の同級生・宗方豊子が、大学教授であった夫の残した仕事を続けていて皆から「先生」と呼ばれ、こちらを無視していることに腹を立てていた。ある電話がきっかけで宗方の部屋に入る機会を得た田村は、豊子の書いている原稿なる物は全く同じことを繰り返している出鱈目であることを発見、驚く。気が狂ってたことが分かったまではいいのだが、インク瓶を零してしまい、困ったあげく兼子は、変わり者の三階の石山則子の部屋にM・キーを差し込んで逃れた。

その石山則子は、四〇代の半ばまで小学校の図画教師をしていたのだが、辞めて今は民生委員から生活保護を受け生活している。深夜、徘徊しては夕餉のおかずに使って捨てた魚の骨を拾って食べていて、異臭が籠った部屋で生活しているという変わり者であった。

矢田部寿和なる女性は、かつては女流名バイオリニストとして、聴衆から万雷の拍手をもらったこともあったが、今ではこのアパートで音楽教室を細々と経営している。音楽界とは縁を切ったはずではあったが、新聞に昔の仲間の名前を見つけると破ってしまうほどに、六〇歳を過ぎても芸術家としての敗北感に悩まされてもいた。コンクールで二位になったことで洋行できなかったこと、「これが人生だ」という諦めにも似た厭な言葉から常に離れられないでいた。と同時に、バイオリンの名器・ガルネリュウスを恩師のA・ドールから盗んだことも。管理事務所の掲示板に三〇年前の（名器盗難の記事の載った）新聞を買いたいという貼紙が出ていたことで、その忘れられない記憶が呼び覚まされた。既にA・ドールは死んでいるのに……。この謎を追う日々が何日も過ぎたが、結局、分からず終い。

このことに何かあると直感した石山則子は、M・キーを使って寿和の部屋に侵入し、棚上の名器のバイオリンを発見し、戻ってきた寿和に見つかりそうになって窓から飛び降り焼却炉の中にバイオリンを抱えて逃げ込んだのだ。が、すぐにそれは則子の仕業であることが寿和には分かった。一計を案じた寿和は、則子の部屋に火を付けた。則子は大火傷を負ったが、部屋の達磨ストーブとゴミの山が原因ということになって、寿和に疑いの目が向けられることはなかった。

竹林女学校を定年退職した木村よね子も、また過去に生きる人であった。退職当時は、登校する義務がないのに居たたまれず、何の目的もなしに八時半になるとアパートを出て一時間ほどして池袋へ出て、早朝映画を見たりデパート巡りをしたりして時間つぶしをしていた。が、経済的な問題や雑踏の中で感じる孤独に耐えられなくなって、コンクリートの部屋にいる方がまだましと思えるようになった。部屋に居ても孤独だが、皆が忙しく動めいている街中では、（仕事がないよね子にとっては）それ以上に孤独を感じざるを得ないのだ。

そして、部屋に閉じこもって病人のような暮しをするしかなかったのだが、古い卒業生名簿から生き甲斐のヒントを得た。それは、かつての教え子達の一人一人に手紙を毎日一通書き送るというものであった。彼女に返信してくれる生徒達に共通しているところは、よね子と同様、現在孤独であり、悩みに打ち拉がれた心の病人達であることであった。未来は閉ざされ、うしろを振り向くことだけに生き甲斐を感じる女性達……その中に河内恵子という生徒がいた。

それは七年前の誘拐事件の新聞記事で、駐留軍の将校と結婚、生まれた混血児のジョージを四歳の時に誘拐されたというものであった。恵子の手紙によれば、ジョージのその後の話を聞いた黒川文夫という男の担任であったのが、奇しくもよね子と同じアパートに住む上田ちか子というのであった。

この話の続きをする前に、冒頭部分で、つまり七年前に女装をした男が大塚仲町の交差点で事故に遭い死亡するといった場面が描かれている。その男をひたすら待っていたのが上田ちか子という女であったのだ。その事件の三日前には、旅行鞄に入れられた男の子の死骸がアパートのビルの地下へセメントで埋められた。

新聞記事では一九五一年の三月二七日にD・クラフト少佐の長男ジョージの誘拐事件があった。が、身代金の三〇万だけを取られたきりで、その後は杳として分からず、一年後には妻の河内恵子と離婚、クラフト少佐はアメリカへ帰国してしまった。当時の日本には駐留軍が多くいたので、こういったことも、珍しいことではなかった。

その後、話は三霊教という新興宗教の（アパート内の一階で開かれた）話となり、巫女の「おさしず」の中に、矢田部寿和の失せたバイオリンの行方のことや、上田ちか子が部屋に誘拐した男児を埋めたとおぼしき生々しい話（解釈）が教祖より語られる。それは、よね子が恵子の長男の手がかりを探るためＭ・キーを使って、上田ちか子の部屋に入って見た大学ノートに記された「三月二十九日に埋葬された子供へ」という詩の題名とも一致していた。上田ちか子が恵子の長男・ジョージを誘拐したという疑いはますます強くなっていった。

クライマックスは、いよいよアパートの移動によって、地下室の風呂場の底から子供の遺体が出てくるところになるのだが……。

建物の移動工事が終わった数ヶ月後の「東条管理人の記録」には、このＭ・キーを使ったトリック（種と仕掛け）が詳細に告白されて、これぞ本格推理の醍醐味を味わうのだが、さらに、エピローグでは、それさえも……というドンデン返しが用意されていて「日本に余り前例のない……」と乱歩に言わしめたような凝った構成になっている。

分かってしまえば、何ということもない話ながら、この推理小説としての面白さを構成しているのは、老嬢達の行き場のない、閉ざされたアパート内での叫び・苦痛であり、多様な人間模様である。だからこそ、有り得ない話にもリアリティーが出て、妙に納得されてしまうのだ。これは、推理小説の形を借りた、戸川の私小説であるともいえよう。

ＳＦが最も輝いていた頃
～一九七七年当時のＳＦ小説界展望～
…『本の本』の「特集・ＳＦ…その源流を探る」（ボナンザ）…

平成の今から顧みれば、日本のＳＦが最も輝いていた頃は（アメリカのＳＦのゴールデンエイジが五〇年代であったように）どうも七〇年代にあったような気がする。幕末・明治からの日本ＳＦ史から見れば、また別の（それは六〇年代にあったとする）見方も出来ようが。

確かに日本のＳＦの胎動は、五〇年代後半から盛んとなり、空想科学小説同人誌『宇宙塵』が創刊（一九五八年）されると堰を切ったように以降、新聞紙面や雑誌などにも科学小説の到来を期待する（また、その反対の立場からの）記事も多数載って、商業誌の『ＳＦマガジン』（以後『ＳＦＭ』早川書房）が一九五九（昭和三四）年に創刊されると、ブームは根をおろしたと評されるようにもなった。（黎明期の迸るような熱気と孤軍奮闘は初代ＳＦＭ編集長・福島正美の遺作エッセイ『未踏の時代』に詳しい）

その『ＳＦＭ』も創刊から一八年を経過すると、初期の赤字から脱却、軌道に乗り始め発行部数も飛躍的に増えていき、七四（昭和四九）年創刊の対抗誌『奇想天外』（第一期・盛光社、第二期・奇想天外社）も出ると読者人口は更に増え、七九（昭和五四）年には『Ｓ

F宝石』(光文社)、『SFアドベンチャー』(徳間書店)と、続けざまに出て四誌が共存するほどに隆盛を極めていった。まさにこの七〇年代こそが開花期を迎えた日本のSFの黄金時代であったといえよう。

一九七三年に小松左京の『日本沈没』がベストセラーになり、市民権を得たのもこの七〇年代であった。筆者にとってもSFファンダムを知り、同人誌『宇宙塵』に参加すると同時に「ハガジン」(一九六九年創刊・葉書一枚にショート一編を載せて発行)を知ったのもこの頃であった。

当時、SF界に一世を風靡した(山梨発の)『ミクロSF』を戸倉正三氏から引き継ぎ、「オングストロームの会」として再出発していったのもこの時期であった。そんなこともあってか、丁度、当時の状況を客観的に推し量るのに最適な一冊(『本の本』という書評誌の「SF特集」)を見つけたので、これを丹念に読み解きながら、七〇年代の黄金時代を回顧してみたい。

構成は、巻頭に座談会をもってきて(七七年)現在に至る迄のSFの概要を知らしめ、次に各ジャンルごと専門家による解説を加えている。

座談会「日本のSF界を語る」は、一七頁にも及ぶメインの記事となっていて、出席者の顔ぶれも評論家の石川喬司、SFマガジン編集長の倉橋卓、奇想天外編集長の曽根忠穂の三人、いずれも当時、現役のＳＦ最前線で活躍中の面々で、まさにうってつけのメンバーであるといえる。

まずは、ＳＦの読者層の分析から。やはり高校生から大学生の二〇代が多いらしいが、ＳＦＭはそれに三、四〇代が加わって五〇代も少しといった状況とのこと。「てれぽーと」などの読者欄などの声を見ても、一〇～五〇代までハイブラウな感想、意見や要望が載っていて、さすが読者レベルの高さを伺い知ることが出来ると。

また、ミステリーとは違って浮気者は少なく、固定読者が多いのも特徴であるとの由。これらについては、平成の今も殆ど変化はないのではなかろうか。（ただ平成に入ってからは、若干、三〇代までの層とそれ以降の年代との格差が生じてきているようにもみえるが）石川の「ＳＦがやっと陽のあたるところへ出て、日本の大衆文芸の中でやっと定着しかけた」と言っていることからも、この七〇年代が市民権を得ることが出来るようになった時代であったということが了解できる。もはやＳＦといっても、新製品普及協会やらサンフランシスコやＳＭと間違えられるようなこともなくなり、コンサイスにも載るようになったと。

ところで歴史を遡って見れば、浦島伝説や竹取物語などの民話の中には、想像力の物語としての源流があり、近世になれば忍者物語や平賀源内、上田秋成、柳亭種彦などの日本人独自の幻想性が見て取れると。とはいえ、本当のＳＦ的思考というのは、明治期以降になるらしい。

近代ＳＦを創ったのはＥ・Ａ・ポー、Ｊ・ベルヌ、Ｈ・Ｇ・ウェルズの三人で一九世紀中葉以降の産業革命、科学技術の発達とともに盛んとなり、翻訳もされた。しかし、日本の文壇は自然主義一辺倒、空想なんてものは邪道と批判され、大衆小説というエンタメ系は日かげものにされてきたという経緯があるとのこと。『新青年』では探偵小説の変格として海野十三、夢野久作、乱歩があるが、押川春浪の「海底軍艦」はＳのサイエンス派、泉鏡花の「高野聖」はＦのファンタジー派に属し、海野十三には科学小説を盛んにしようという使命感さえ感じられると。

戦前は『少年倶楽部』の少年冒険ものや南進小説など軍国主義の風潮はあっても、それらと関係なく夢をはばたかせたＳＦが書かれた。戦後は『宝石』を主体に香山滋、渡辺啓助、山田風太郎、星新一が出てくる。同人誌の『宇宙塵』も一定の役割を果たした。それからは福島正美の青写真に従って、小松左京、光瀬龍、筒井康隆、半村良、眉村卓、平井和正、豊田有恒らが続々と出てきて、海外ＳＦの影響も受けつつ賑わうことになったらしい。

七七年時点でのＳＦのコアは、どこにあるのかと石川が質問すると、曽根が「センスオブワンダー・奇想天外であって、もはやエンサイクロペディアの定義は合わなくなっている」と。続けて倉橋は、

「小松左京のハードＳＦも人類の危機意識の上に立って書かれたもので、地球も宇宙の中

の銀河系の星屑のひとつだという考えが根底にあってのもの。ただし、超能力とかＵＦＯとかのようなブームは、去っていった後がこわい」と。そういえば、超能力ではユリゲラーのスプーン曲げが流行り、テレビでは「謎の円盤ＵＦＯ」のブームがあったような気がする。日本のＳＦ界の悩みは、ＳＦ作家の数が少ないこと。需要と供給のアンバランス。田中光二や山田正紀、かんべむさし、ハードＳＦの石原藤夫、若手では堀晃など出始めてはいるが……。所謂、第二世代が既に育ちつつにはあったようなのだが。

海外物では五〇年代のＳＦにこそ面白いものがあって、黄金時代の作品にその神髄が見られる。ブラッドベリーの「火星年代記」をはじめ、早川の「ＳＦ全集」の古典ものも読んでおくべきだと。

このように、ＳＦ界でもいよいよ水先案内人が必要になってきた。が、山野浩一のような評論家だけではダメで、横田順彌、翻訳家の伊藤典夫や浅倉久志、文芸評論家の尾崎秀樹、奥野健男などにも発言してもらうことが必要になってくると。井戸の中の蛙的子どもっぽさから多方面に注目されるようにもなってきたので、これからがひとつの正念場。各自、自重していい仕事を残しましょうとのことで座談会は終わる。が、ＳＦの普及発展を評論を通して強力に推し進めたのは、紛れもなく今回の石川喬司であった。彼の「毎日新聞」の「日曜くらぶ」に連載した「ＩＦの世界」は大いに話題になったし、この年に同時に出た『ＳＦミステリおもしろ大百科』（後『夢探偵』：講談社文庫）もＳＦをよりポピュラーなものにしたことは間違いない。谷沢永一が文化勲章に値するといった推理評論集『極楽の鬼』に勝るとも劣らない傑作であることは、誰の目にも明らかだろう。

以降は、SF作家や翻訳家一人ずつが担当し、各自の得意分野の解説を行なっている。

最初は総論的エッセイで、作家・眉村卓のタイトルは「変化楽しや？」というもの。人間は失っているものに気づかずに幸せを手に入れたと勘違いをしているのではないかと、何度かドラマ化された自作の短篇を引き合いに出して考察している。

二番目は、翻訳家・小隅黎（本名・柴野拓美で同人誌『宇宙塵』の主宰者）の「機械と人間」と題するもの。（サイボーグ、ミュータント、ロボットと似たような用語があるが）ロボットという語は、チェコの作家・カレル・チャペックのSF戯曲「R・U・R」において初めて使われた。

この人造人間は機械ではなく有機物質による合成人間で、人間に奉仕するための存在なのだが、それが反抗して……といったストーリー。そこで人間に忠実なように考え出されたのがI・アシモフの「ロボット三原則」であるが、これが却って仇となって逆転現象が起きてしまう。D・F・ジョーンズの「コロサス」では万能コンピュータが米ソで手を組み、やはり人間を支配下に置く。安全への願いが戦争こそ防いではくれるのだが、人間は……。星新一の「声の網」も神はコンピュータであることになってしまう。これら以外の作品も未来は「コンピュートピア」にはなっていない。サイボーグは脳髄以外は人工部品に置き換えられた半機械人間でスーパーマンの一翼を担った。超能力、ミュータントものでは、エスパーとなった人間の苦悩を描いた作品が多く、クラークの「幼年期の終わり」小松左京の「継ぐのは誰か」は新人類という高次に進化した人類を描く。科学が発達しても人間の未来は必ずしも明るくはない。ＳＦが文明批評として警世の文学として存在している理由もこんなところにあるのだろう。

三番目は、作家・光瀬龍による「タイムマシンのロマン」である。「タイムマシン」といえばＨ・Ｇ・ウェルズで、一〇〇万年後の世界では退化した人類を、三〇〇〇万年後の世界では地球の終焉を目撃するという物語であり、彼の「宇宙戦争」と双璧をなすもの。しかし、時間旅行譚だけをとってみれば、魔力や霊力、術力などを駆使してできた物語（「クリスマスキャロル」など）として古代中国や東南アジアにも多く（「浦島太郎」などの童話も）あったと。だが、ウェルズの時代は科学技術がモダニズムと新しいロマンを生み出した時代（一九世紀の後半）であって、快速巨船が白波をけり飛行船が飛ぶ如くに時間を遡り過去を探ってくる乗り物があってもおかしくはないという科学の世紀。その理論も物体の速度が、光の速さに近づけば近づくほど、その物体の内部の時間は遅くなるという物理学の夜明けに立ち会ったことも影響しているのではないかと。

また、論理的矛盾としてのタイムパラドックスの問題は、たくさんの作品を生むと同時にその限界にも達していったらしい。量子論によれば一瞬の次の状態は確率的な幅のあるさまざまな可能性を持った状態で、つねに不確定な要素を含んでいる。がゆえに、時間にも多くの流れがあると。代表作としてハインラインの「時の門」「夏への扉」などを挙げている。

四番目は、翻訳家・野田昌宏による「宇宙人の侵略?」である。有史以来、宇宙旅行テーマのフィクションは多いのだそうだが、それに比べると他の天体の生物が地球へのりこんでくる作品となると実に少ないそうな。

そして、地球人にやさしい他天体の住民という従来の考えを見事にひっくり返したというのが、H・G・ウェルズの「宇宙戦争」……地球侵略を企む火星人との戦いだという。しかも、この本の刊行後四〇年目に(H・G・ウェルズならぬ)俳優オーソン・ウェルズのナレーションによって、ラジオ放送されたのが、この「宇宙戦争」で、アメリカ国民を恐怖の坩堝(るつぼ)に陥れたのだという。何しろ、物語の途中に差し挟まれる臨時ニュースや実況中継、アナウンサーが半狂乱になっての放送する熱の入れようなのだから無理もない。パニックは頂点に達し、騒動の鎮圧に州兵も出動するほどであったと。放送の後半に「これはフィクションです」といったアナウンスを繰り返すも効果なしであったらしい。

これ以降「ニュースと紛らわしいドラマは放送してはならない」といったコードも制定されるほどであった。無理からぬところであろう。

五番目は、作家・横田順彌による「日本のSF」である。歴史的なものについては座談会とも重複しているのでカットする。(横順もハチャハチャSFというナンセンスものばかりでなく日本の古典SFの蒐集と研究にも乗り始めだしていた頃……成果は少し後・八〇年代になるのだが) ここでは、主にこれからの日本のSFを語ってもらおう。横順は、海野十三の再評価に貢献したが、蘭郁二郎と共に当時は科学小説家としては認められておらず、変格探偵小説家としてしか扱われなかった経緯があるらしい。

そして、昭和三〇年代から現在活躍中の第一世代の作家が登場する。安部公房は別格としても、旧「宝石」他の探偵小説誌から矢野徹、星新一、筒井康隆、今日泊亜蘭、「SFM」から小松左京、半村良、光瀬龍、眉村卓、平井和正、豊田有恒、石原藤夫、石川喬司、高斎正、荒巻義雄が生まれたと。

第二世代として田中光二、山田正紀、かんべむさし、堀晃、川又千秋など。今後は、それぞれが得意分野に特化してそのジャンルを拡げつつあるのではないか…例えばショート、本格、シュール、ドタバタ、ロマン、宇宙、経済、古代史等々……。

そして、横順は次のように予言しているが、どうか。「そう遠くない将来、現在、拡散を続けている日本のSFは、もう一度一点に向かって集合をはじめるのではないか」「その時、日本のあらゆるジャンルの文学はSFに包含されるような気がしている」と。果たして、あれから三〇余年が経過するが、現在の文学の状況はどうなのであろうか。確かに、SFの拡散は進み、この当時のような隆盛はもはや見られない。とまれ、予言は当たっているようでもあり、いないようでもありといったところか。

六番目は、翻訳家・伊藤典夫による「アメリカのSF」である。代表的な作品を挙げれば、日米（のアンケートから）でもそんなに相違はないと。ブラッドベリ「火星年代記」、ハインライン「夏への扉」、シマック「都市」、クラーク「幼年期の終り」、その他F・ブラウン、R・シェクリイなど。だが、どうも最近の傾向としては、日米ではSFの興隆を支えている思想やムードが異なるのではないかという疑問があると。それは日本のSFが、アメリカSFらしさの特徴である現実からの似非科学的な飛躍とは異なる在来の日本の小説と似た形になってきていること……それは果たして「浸透と拡散」なのか「変質と解体」なのかと。

これは、先の横順が指摘する得意分野の拡がりとも重複する意見であろう。戦前の日本のミステリーも西洋のそれによくあるようなクールな論理ではなく、情緒纏綿とした幻想世界であって、SFも伝統的な幻想小説の流れにありはしないかと。アメリカのSFは、紛れもなくベルヌのオプティミズムにあって、虚構としての未来の大胆な開拓者、科学文明の坂を先頭を切って登っていく冒険小説、未来への憧れが底流をなしていると。

しかし、WASPの中でユダヤ系作家達の占める割合は結構多く、未来への懐疑的な傾向は現実的とさえいえるものであるらしい。とすれば日本のSFは……。

七番目は、翻訳家・深見弾による「ソビエトのSF」である。今では「ロシア」だから

「ソビエト」という四半世紀以上も前の国名には違和感があるかも知れない。かつて「ソ連」といった「ソビエト社会主義共和国連邦」は帝政ロシアより一九一七年の一〇月革命によって誕生した社会主義国で一五の共和国から構成された民族国家であった。少なくとも、当時六〇～七〇年代の冷戦時代にはアメリカと並ぶ（か上回る）超大国であった。（筆者は父親に「英文学などやるよりロシア語を学べ、これからはソ連の時代だ」と大学受験時、東京外大のロシア語科を受験するよう勧められたことを思い出す）が、一九九一年一二月には解体、ＣＩＳ（独立国家共同体）となりソ連邦は消滅、その内の旧ロシア・ソビエト領土を継承したのが現在の「ロシア連邦」になる。

単純に共産主義の実験の失敗といい切ることも出来ないが、人々に豊かで格差のない暮らしや言論の自由などの権利を保障することは出来なかったのは事実である。

さて、そんなソビエトの歴史に於いて、最初のＳＦ作家は一九二〇年代の後半のアレキサンドル・ベリャーエフであると。それまでにも未来小説のようなものもないではなかったが、帝政ロシアの専制政治と農奴制を暴露し、革命のもたらす新しい社会を描き、知識人に社会変革を訴えるような社会主義的なユートピア小説が殆どであったからであると。ロシア革命に、（新しい明るい未来をもたらしたかどうかは意見が分かれるところだが）暗い未来を予感した作家らは、新たに権力を握った体制にとっては目障りで、ザミャーチンなどは「われら」を国内では出版できず一九二五年国外で出版、オーウェルやハックスレイにも影響を与えたが、政治的迫害も受けるようになった。

反動作家と批判されながらもとどまって仕事をしたブルガーコフは「犬の心臓」「運命の卵」というソビエト社会を風刺した大傑作をものにした。明るい未来をみた作家には科学啓蒙書のツィオルコフスキー、地理学者のオブルチェフがいて、A・トルストイは、日本では有名だが大衆娯楽小説を二編(「アエリータ」「技師ガーリン」を)発表、大当たりを出したらしい。

八番目は、作家・鏡明による「イギリスのSF」である。一九世紀のはじめ、詩人シェリーの夫人、メアリー・シェリーの「フランケンシュタイン」はSFを予感させる作品で、これは背景にゴシック・ロマンという形式の小説群が存在していたことが大きいと。二〇世紀に入るとコナン・ドイルは科学的合理主義の立場で「ロスト・ワールド」「マラコット深淵」を書き、H・R・ハガードは超自然的な方向に目を向けていき、ウェルズの「タイム・マシン」という現在に直接つながる作品の登場に至る。

さらに「モロー博士の島」「透明人間」「宇宙戦争」「睡眠者目ざめる」「神々の食糧」と立て続けに発表、H・ガーンズバックに多大な影響を与え、世界最初のSF雑誌「アメージング・ストーリーズ」を生み出させるほどで、空前絶後といっていいと。産業革命を起した大英帝国は、世界の七つの海を支配した技術大国の勢いに同じく文学でも先頭に立っていた。が、SF文学後に続く者はもはやイギリスにはいず、(SFプロパーでなく反科学的な物の見方で脚光を浴びた「動物農場」「一九八四年」のオーウェルや「素晴らしい新世界」のハックスリーはいたが）沈滞、アメリカに移っていった。

しかし、一九五四年に、Ａ・Ｃ・クラークが出て「幼年期の終り」を発表、またＭ・ムアコックがカーネルの後を継いで「ニュー・ワールズ」の編集を引き受けた瞬間から、イギリスのＳＦはドラマチックに転回、Ｊ・Ｇ・バラードを中心にしたニュー・ウェーブは世界に衝撃を与えることになったのだと。

九番目は、映画評論家・双葉十三郎による「ＳＦ映画の流れ」である。ＳＦ映画の先駆はフランスのジュルジュ・メリエスで「月世界旅行」（一九〇二年）と「海底二万リーグ」（〇七年）。ドイツのフリッツ・ラングは「メトロポリス」（二六年）「月世界の女」（二八年）などを作る。仕掛けも徐々に大掛かりになってくる。そして、アメリカではウェルズ原作の「透明人間」や「キングコング」、巨大怪獣映画「ロストワールド」で特殊技術が檜舞台に押し出される程になったらしい。戦後では、一九五〇年代からが黄金時代に突入すると。まさに、ＳＦの興隆とリンクして映画も賑わっていったらしい。そして巨大怪獣や恐竜など、日本の「ゴジラ」（五四年）のヒットともリンクしている。本格的なものとしては「月世界征服」「火星探検」「地球最後の日」「宇宙戦争」「地球が静止する日」「禁断の惑星」「光る眼」と次々に迫力ある面白い作品ができたが、実際に月面着陸が行なわれるようになってからは衰退、「二〇〇一年宇宙の旅」（六八年）が最後になったと。

十番目は、児童読物作家・内田庶による「ジュヴナイルSFの流れ」である。いつの時代であろうとも、血湧き肉躍る冒険譚や宇宙科学譚に最も興味関心のあるのは、少年達であったはずである。戦前では海野十三の作品であり、戦後では石泉社銀河書房の『少年少女科学小説選集』が嚆矢であろう。

それは昭和三〇年に早くも第一冊目（L・F・ジョーンズ作「星雲から来た少年」）を出し二年後には、一八冊目までいったところで倒産の憂き目に遭ってしまう。だが、僅か三、四〇〇〇部でありながらも返本部数の少なかったところに目をつけた講談社が類似企画『世界科学冒険全集』を出したことが影響しているのではなかろうかと。

講談社は、この成功により次々と翻訳権をとって新しい企画を開発、海外児童読物の隆盛に結びつけていったらしい。翻訳に当たった福島正美らは、これがきっかけで「早川SFシリーズ」や「SFM」に繋げていったともいえるのではと。児童ものの創作が盛んになると、ジュヴナイルものも大人ものと同じ荒唐無稽の大衆読物といったような偏見や非難を突きつけられる。が、その反撃として、昭和四二年に盛光社より「ジュニアSF」（全一〇巻）がSF作家や児童読物作家らの書き下ろしで刊行された。推薦図書にもブックリストにも、書評にも取り上げられないのに二〇万部近い売れ行きであったと。これが契機となって、SF作家の学年雑誌などへの連載も増えていったらしい。正に昭和四〇年代こそが、ジュヴナイルSFの最盛期だったともいえよう。

最後は、翻訳家・團精二による「ＳＦアート案内」であるが、ここは紙幅の都合でカットさせていただく。

七〇年代までに至るＳＦが如何に隆盛であったかは、これまで見てきたように分かるが、これ以降のＳＦは、残念ながら拡散と浸透というより、変質と解体に向かっていったといえるだろう。

八〇年代に入ると、一時は、それこそ七誌にも増えたＳＦ雑誌が相次いで休刊、廃刊となり、（あれから三〇年余の）二〇一六年現在では『ＳＦＭ』の一冊のみが命脈を保っているにすぎない。筆者にとっても、青春の一時期の五年ほどは熱を入れたＳＦだが、八〇年代も後半に入るとファンジンは休止、興味関心も薄れていった。当然といえば当然だが、八〇年代以降、コンピュータ・テクノロジーによって変化する社会像に着目したサイバーパンクが一世を風靡し、その後はインターネットにより、ＳＦはあらゆる文学と融合・結合し、浸透・拡散の勢いはとどまらず、当時のＳＦといったものは、もはや存在さえしないように見える。

長年、ＳＦファンダムを牽引してきた（筆者にとっては同人として愛読し続けた）『宇宙塵』も二〇四号（二〇一三年）柴野拓美の逝去によって幕を閉じた。確かに、時代は大きく変ったのだ。あの当時の熱気はもはやない。

ＩＴ機器が長足に発達、インターネットに電子書籍、壁掛けテレビが現実になり、太陽光発電に自動運転の電気自動車が走っている世界は、正に七七年当時から見れば未来社会そのものの中にいるようではある。が、そのような現実感は微塵もない。電子機器に囲まれた憧れの生活を享受しながらも、未来社会にいるような幸福感もない。海外旅行も手軽になったし、外車も普通に乗れる、かつての夢の超特急はリニアとなって現実化し、正に今が未来の中にあるともいえるのにである。ということは、幸福感がいかに相対的なものかが分かろうというもの。貧しくとも夢のあった時代と豊かにはなったが希望のない社会。

ＳＦのサイエンス・フィクションは、スペキュレイティブ・ファンタジーになって久しい。九〇年代は、「ＳＦ冬の時代」とも称され、日本経済新聞では「国内ＳＦ、『氷河期』の様相」の見出しを付ける程であった。

二一世紀はＳＦ作家の世代交代も進んで第三、第四世代へと様変わり、もはやＳＦコンテストから輩出された作家でないライター達がデビューし、取って代わる格好になった。もはや（七〇年代）当時のＳＦを知る世代にとっては、現在の状況はＳＦが遙か遠いところの存在なのである。語るに値するＳＦはもうなくなったが、そこには新たな文学が存在しているともいえるのであろう。

本能寺の変の謎を解き明かす

〜甲斐の山の民が信長に及ぼした影響〜

……岩崎正吾『異説本能寺・信長殺すべし』（講談社文庫）……

天正一〇（一五八二）年六月二日の午前五時頃、本能寺にて明智光秀は主君信長を討つ。あらためていうまでもない「本能寺の変」である。が、このクーデターはミステリーに満ちている。それは謎が余りにも多いからで、そこから多くの仮説が生まれてくる。真実は一体どこにあるのか、黒幕は果たして存在したのか否か。秀吉の中国「大返し」も含めて既に多くの学者や研究者、作家らが、この歴史の謎に挑戦し、真実を明らかにしようとした。

山梨に居をおく推理作家・岩崎正吾もまたその謎に挑戦、真実を追い求めていく。ミステリー作家ならではの大胆な仮設に推理を働かせると同時に甲斐の武田の動きにも目配りしつつ、驚愕の真相に辿り着いていく。

岩崎は「本能寺の変」の謎について、次のように述べている。

「謎は、実行者光秀の動機が明確でなく、事前の準備が成された様子もなく、事後の行動に一貫性がないことだ。要するに〝智将〟の名を裏切る行動に終始したといえる。〈怨恨説〉〈野望説〉に立つ光秀の主体的な行動なら、もう少し緻密な計画を練ったろう。平素の光秀らしからぬ行動から〈黒幕説〉もあるが、疑わしいとされた黒幕たちは「本能寺の変」後、いずれも黒幕らしからぬ行動を取っている」と。確かにその通りなのである。智将光秀が起した行動にしては、事後の行動に不審な点、余りに御粗末な点が多すぎるのである。

その曖昧模糊とした事件の真相を岩崎は丹念に検討していくのだが、その手法たるや、また面白いのだ。

探偵役は信長役を演じるはずであった俳優の多岐一太郎で、映画の撮影中、事故に遭ったことで、病院で治療中の身である。怪我で動けない探偵（ベッド・ディテクティブ）が、史料によって推理をしていくのだ。それに友人の映画監督、シナリオライター、落語家、主治医も加わって侃々諤々と謎解きを進めていく。そこに、岩崎の歴史のストーリーが挟み込まれることで、読者は実際のところを確認してもいける構成になっている。怨恨説や野望説、黒幕説などの俗説にもあらためてあらゆる角度から再検討していく。作者と読者は一体になって歴史に隠された謎を考えていくよう仕組まれている。

さて、ミステリー評論家の山前譲は次のように述べている。

「こうした歴史の謎への興味が、推理小説における謎解きに接近していくのは必然的だろう。作者の創造したまったくのフィクションであれ、歴史上の事実であれ、興味をそそる魅力的な謎とその謎が解かれていく過程があれば、それはまぎれもなく推理小説である。ただ、歴史を作家の都合で変えることはできないし、必ずしも推理小説らしい意外な結末に辿り着けるとは限らない。そこに歴史の謎解きの難しさがある」と。

そこで、ここでは、作者の導き出した結論、謎解きでいえばラストに近いところになるであろう一一章以下を紹介する。ミステリーでいえば解決編ではあるが、歴史の推理では、最後に出てきた案であっても作者の一つの考えに過ぎないので、未読の読者であっても最初から読むのに差し障りはなかろうと思われる。

第一〇章までのなかで、共犯説、黒幕説、単独犯行説、野望説、怨恨説、正義のためのテロ説を詳細に検討し、従来の説に登場する人物である秀吉、家康、足利義昭と幕府グループ、正親町天皇と朝廷勢力などの周辺も探った。が、どれもイマイチ、納得させられるほどのものではなかった。光秀が謀反を決意し実行にいたるまでの慌ただしさを正確に説明できないからだ。となると、真犯人、本当の黒幕の存在は……ということになろう。

探偵役の多岐一太郎は言う。

「おれが考えるのは、人々の仕業だということだ。その時代の無名の人々が、チームを組んで光秀を走らせたんだと思う」と。確かに、分かったようで分からぬ話ではある。

第一一章「甲斐の乱波」…

一太郎説によれば、信長暗殺計画が、光秀一人の中にずっと仕舞われていたものなのだから、天下取りの野望をもって信長を殺したとしても、いつ、その野望が芽生えたのか他の者には分からないはずだし、怨恨だとしても、伝えられているものが一つなのか複数か、肝心の動機もわからないはずで、光秀決意の時期は、歴史の闇に埋もれたままだと。

準備した痕跡らしきものがないとすれば、ある程度の期間温めていた計画ではないこと、発作的ということになる。つまり、信長を除かねばならない場所に追い込まれた時。原因は、安土城における家康一行接待の三日間にあるのでは……と推理した。

親類衆の穴山梅雪の武田と光秀の内通説は否定するにしても、甲斐・信濃の旧武田領の武士団は、光秀と呼応した行動をし、一斉に蜂起している。甲斐の領主川尻秀隆は殺され、信濃を支配した森長可は岐阜から追われていることからも明らかで、組織的な軍事行動であったことは間違いない。単純な土民一揆とは違うということだと。

つまり、本能寺の信長謀殺を、あらかじめ武田武士団は知っていたということになる。無名の人々、武田の残党が何らかの形で関係していたことは疑いようもないのではないかと。ここで武田残党陰謀説が浮上してくる。確かに、武田の遺臣らは信長憎しで、光秀に呼応した。が、光秀そのものに親しみを持っていたわけでもなかったのだ。それが証拠に秀吉の山崎の合戦には動こうともしなかった。

孤高の智将・光秀には味方を惹きつける魅力に欠けていたことは間違いない。


第一二章「安土城の出来事」…

光秀の天下が一ヵ月持ちこたえたなら、旧武田領主の蜂起は別の影響力を持ったかもしれなかったが……。

　本能寺事件は、一種の謀略により引き起こされた。それは甲斐の乱波、伊賀者、そして山伏らの山の民という諜報者たち。

　明智日向守光秀が子弟関係にあった甲斐の恵林寺の快川和尚に宛てたという文。恵林寺が焼け落ちる前に拾い出したという曰わく因縁のありそうな……。それを山本勘助の子、乱波の道助が入手、服部半蔵が家康に渡し、家康から梅雪に渡された。それを梅雪は信長に手土産とすれば、信長への忠誠心の証になるのだと。

　家康は、道助のシナリオにそって動いた。家康は梅雪を使い光秀謀反の疑いを信長に植えつけたが、それは信長と光秀を離反させるくらいの目的であって、信長殺害までは考えていなかったことは間違いない。とはいえ、本能寺事件と家康は無関係であるとは言い切れないところがかなりあるのである。


　第一三章「山の民の伝説」…

　岡崎に帰った家康は甲斐に真っ先に兵を送っている。それは紛れもなく武田の家臣団の仕業と見せかけ、家康は信長麾下の武将をすべて追い出し、占領するつもりで派兵したのだと。武田領には家康の天下取りの計画に必要不可欠なものが二つあった。一つは武田の武将。親家康の空気のあった武田の遺臣は勇猛で、いずれ起こるであろう大乱に備えるためであったと考えられる。もう一つは、武田領の金山。梅雪を殺したのも、領地にある金山が狙いであった。武田の遺臣が家康を受け入れたのも、事前の謀議があってのことではないかと。甲斐の金山の採掘による莫大な財力が、関ヶ原の戦いも、徳川幕藩体制確立の財政基盤にもなったと。後の老中・大久保長安も武田遺臣の一人。

ということは、乱波と家康の陰謀が、図らずも光秀の信長暗殺に繋がり、武田の遺臣らがそれを影で後押しする格好になったということか。多岐一太郎の推理の結末は、意外という程のものではないにしろ、戦国乱世の時代背景があってのことで、輻輳した武将らの思惑に偶然の要素が複雑に絡んだ結果としかいいようがない。

ただ天才家康でも読み切れなかったのは、秀吉の備中大返しという時の流れ。信長も光秀の謀反の疑いを知らぬではなかった。それは安土城で梅雪から光秀の裏切りを聞いたばかりであったからだが……。だがそれは放置したままで本能寺に来た。信長の心境「是非に及ばず」は、それを知りながら手を打たなかったのだから仕方がないとの覚悟の表れであったか、それとも諦めであったのであろうか。

幕末・維新のＩｆを考える

……江宮隆之『歳三奔る・新選組最後の戦い』（祥伝社文庫）……

歴史にＩｆ～「もし」は禁物というが、幕末期において幕府側が反徳川の薩長側に勝てる（勝てた）時期というのを幾つか考えることができる。まずは鳥羽・伏見の戦い、次に新選組最後の戦いとなった甲府城奪還のための（柏尾の）戦い、最後に（無血開城になったが）江戸城総攻撃である。他にも河井継之助の長岡藩の武装中立、榎本武揚の蝦夷共和国など考えられないこともないではないが、ここでは土方の生き様と新選組としての最後の戦いになった柏尾の戦いまでを考えてみたい。

本題に入る前に、ペリーの黒船襲来から鳥羽・伏見の戦いまでの流れを一瞥しておきたい。日米和親条約に続く列強との通商条約により、貿易は拡大し物価高となり、世の中は騒然、百姓一揆や打ち壊しが起こり倒幕運動が頻発してくる。幕府単独では政権が維持できず、慶喜はついに朝廷に政権を返上する起死回生の「大政奉還」を行なった。

幕府側は「公武合体論」で乗り切れたかに思ったのだが、そうはさせじと、岩倉卿などが画策し、薩長が起したクーデターが「王政復古」の大号令であった。古来からの摂政、関白、幕府を廃絶、総裁、議定、参与を設置、天皇親政を復活させようとするもので、将軍慶喜の地位の剥奪と領地没収を迫った。

佐幕派にとっては当然に受け入れられるものではなく、これにより、一年以上にわたる旧幕府と新政府との「戊辰戦争」が起こることになる。

さて、この物語は第一章「王政復古」の大号令の直後から始まる。

「この日、慶応三年（一八六七）一二月九日は、朝から時折小雨がちらつき凍てついていた。……この前後、京都に駐屯していた幕府軍は会津、桑名を主力として約一万人であった。だが、決死の覚悟を秘めていた三〇〇〇の薩摩兵の迫力に幕府軍が押されたのである。その「決死の覚悟」を示すのが薩摩の兵全員が左の腕に巻いた白い木綿の布であった。

幕府側は抵抗することなく退いた。三倍という数を頼みにすれば幕府軍の方が圧倒的に有利のはずだが、その後退は薩摩兵が拍子抜けするほどの呆気なさであった」これが王政復古のプロローグであった。

旧幕府軍と薩長軍との鳥羽・伏見の戦いも、旧幕府軍の圧勝で終わるはずであった。会津・桑名の両藩に池田屋事件で名をあげた新選組が加わり数でいえば三対一、幕府側は数の上では勝ってはいた。

一二月一八日、京都より帰陣中の近藤が丹波橋筋付近で御陵衛士という名目をもった高台寺党残党らによって狙撃され重傷を負い、土方歳三が指揮を執ることになった。その土方もあと一歩のところまで押していると思った。が、刀槍対火力（銃・大砲）の兵器の差は如何ともしがたく徐々に押し込まれ、薩長が「錦旗」を掲げると、幕府は賊軍となり寝返る藩が続出、淀城まで戻ろうとする土方らに、表門を閉ざして拒否、薩長に味方するのだと。伊勢・津藩の藤堂家も幕府に反旗を翻す。さらに慶喜の大坂城脱出が輪をかけた。譜代は当てにならず、外様は日和見主義で反徳川でさえあった。

「どの藩も朝敵になりたくないのだ」と口にした土方は、ここであらためて新選組の使命、本来の武士が武士を捨てようとしている現実に、自分たちだけは最後まで「武士」としての意地をを押し通してみせようと、開き直った。

この時点で「もし～」を考えるのは難しいが、少し遡って幕府側がフランスより援助を受けて装備を一新していたなら勝てたであろうし、そうなれば戦犯は朝廷と薩長両藩になり、天皇は幽閉、薩長諸藩は徹底的に武装解除され、解体させられたはずである。とはいえ、どのみち改革は行なわれなければならず、そうなれば、西郷や大久保ではなく抗戦派の小栗忠順や川路聖謨といった官僚主導による緩やかな改革になったのではと推測されるのだが……。


話は、第二章の「甲府城」、第三章の「江戸警護」へと入っていく。

大坂へ退却した新選組と会津藩は江戸へ引きあげるも、幕府の評定は混乱を極め罵詈雑言が飛び交っていた。が、小栗の抗戦派の主張は退けられ慶喜の恭順派に近い勝安房守が海軍奉行並に起用された。確かに、ここで小栗の対官軍構想が実現していたなら、東海道を上ってくる官軍は箱根で袋の鼠であったろうし、東山道をやってくる官軍は甲府城、碓氷峠で防げたであろう（が、慶喜は朝敵の汚名を着せられたくなかったのだ）。

すでに若年寄格になっていた近藤に、甲府城代を勤めていた佐藤駿河守が近寄ってきて、甲府領の実高は一〇〇万石もあり、今では勤番支配から大名による警備に格上げされたと、その重要性を説く。

近藤は、土方の義兄・佐藤彦五郎より、甲府城の話を聞くうちに、徳川存亡の今こそ、甲府城を押さえることが急務であり、新選組の役割もそこにあると思った。その後、近藤は恭順した慶喜を寛永寺で警護することを頼まれる。

第四章の「偽勅使事件」は、土方に甲府に向かい城下を偵察にといわれた結城と池田が取った情報で、この緊急事態は甲府城代の佐藤や江戸の老中にも伝えられていた。

それは、官軍鎮撫隊と称して勅使高松実村の先触れ隊長として小沢雅楽助（一仙）が甲府へ到着し、朝廷への忠節を誓うように呼びかけたり年貢半減の高札を立てたりして乗り込んできたのだが、後からやってきた東征軍により、公家の高松実村の方は偽勅使とされ、一仙は打ち首になったというものであった。

偽勅使だの先触れ鎮撫隊だの、薩長も甲府城に関心を持っているようで、こうなったら新選組も甲府に至急向かわねばならないと、近藤は老中に直談判に向かった。

そして、いよいよ第五章の「甲陽鎮撫隊」、第六章の「鎮撫隊出陣」となる。

勝は近藤に、寛永寺の警護は幕府の伝習隊と遊撃隊に任せ、甲府城を守るようにと告げた。勝も近藤も甲府に新選組を派遣することを考えていたわけだが、勝の本心は、新選組を江戸から遠ざけておきたい一心であった。

とはいえ、老中より軍資金も小銃も大砲も用意してくれ、しかも領地の半分、五〇万石をも与えてくれるとのことで近藤は有頂天であった。疑念を持った土方は、勝の本心を探るべく赤坂氷川下の勝邸を訪ねた。

「今、幕府が新政府軍と戦えば五分五分。多分、関東から東、いや北と言い換えてもいい。必ず勝てますよ。だが、そんな戦争をこの狭い日本という国の中で続けていたら、必ず日本は外国の餌食になってしまうでしょう。……内戦を長引かせたら調停を理由にフランスもイギリスも、そしてそれらに遅れまいとするヨーロッパの列強やアメリカまでもが、この国を清国のように浸食しようとするでしょう。植民地にねえ。それに、もし（幕府側が）負けたら将軍・慶喜の生命にも危険が及ぶ」と勝。

土方には、薩長の新政府より幕府中心の新政府の方が、外国にも受け入れてもらいやすいのではないかとの考えがあった。が、肝腎の将軍が恭順謹慎を貫き通すというのでは、従わざるを得ないのもやむを得ないとの勝の言には納得できるものがあった。

新選組の甲府行についても、和戦両様の案があることを勝は披瀝し、それには新選組という名前ではまずいと「甲陽鎮撫隊」にせよと。近藤も「大久保剛」に、土方も「内藤隼人」となった。

慶応四年三月一日の早朝、甲陽鎮撫隊は丸の内を出陣したが、行軍は日に一〇キロに満たなかった。堂々とした行軍も次第に凱旋する赤穂浪士のような気分になる者も出る始末。新宿では一晩景気づけ、府中に着けば両側に人集りができ泊まらざるを得なくなる。官軍の先鋒隊は諏訪に入り、赤報隊は偽官軍として粛清されたことも伝わってきた。が、日野、八王子と遅々として進まず、土方の焦りに近藤もやっと同意した。

小仏峠を越え、小原宿、三日目にして与瀬、相模川を渡って吉野宿、犬目宿に前後して鳥沢宿があり、猿橋、百蔵山、岩殿山を左右に見ながら笹子峠に着いたものの雪にも見舞われ峠越えは難行を極めた。駒飼には四日目になっていた。

その間に（鎮撫隊がやっと与瀬に到着しかけた頃）官軍の先鋒隊は甲府に入って城の明け渡しを迫っているというのだ。甲府城内では、夜を徹して籠城か開城かの議論が侃々諤々と続いていた。が、既に板垣と名を変えた乾退助の本隊が迫る中、佐藤駿河守は甲府城を明け渡すことにしたが、それは夜逃げ同然の態であった。板垣本隊の入場は三月五日で無血開城を果たした。甲陽鎮撫隊が勝沼宿に入った五日目に官軍入城の報を聞くことになった。近藤のまったくの誤算であった。この時点で作戦は破綻した。

最後の山場が第七章「柏尾の戦い」である。それでも近藤は勝沼宿の名主をはじめとする村役人を集め、将兵への宿割りを頼むと同時に、隊士らに戦の指示を出した。大善寺という古刹の住職には戦火にならぬように約束もした。勝沼宿は坂になっていて石和方面から登ってくる敵は一望でき見晴らしはいい。ここなら戦えると。しかし江戸に援軍を要請しに行った土方だが、頼みにした菜っ葉隊の加勢は当てにはならなかった。

その頃、官軍は石和宿にまで展開してきていた。官軍の書状に大久保大和剛と署名し返事をしたためたが、それは無視され、交渉の必要なし「挨拶は鉄砲で致す」との返事であった。

甲州街道を直進してくる第一軍三〇〇、菱山方面からの第二軍三〇〇、岩崎山からの第三軍が三〇〇と三方面から攻めてくる。一〇分の一の人数でありながら、昼近くまで持ちこたえた。新選組を名乗ると相手の土佐藩の足は止まり、怯んだ。一進一退を繰り返すも、多勢に無勢。柏尾から日向平まで退却をしたところで、さらに大砲が加わり(鎮撫隊の大砲二門は役に立たず)撤退を余儀なくされた。午後三時、鎮撫隊の敗走となって戦は終わった。

この時点での「もし～」を考えると、やはり近藤が悔いたように、三日で甲府まで着けるところを五日もかかり、甲府城まで辿り着けなかったことが大きい。城内に入りさえすれば柴田監物らの抗戦派と協力し戦えたはずで、作戦通りに話し合う機会も生まれたであろう。

城攻めは一〇倍の兵力を以てするといわれるように、官軍の一〇分の一程度の勢力しかない鎮撫隊なら籠城する以外に勝ち目はなかった。甲府城がある程度持ちこたえれば和戦両様の考えの勝に、この後の江戸総攻撃に向けて、何らかの対応の変化をもたらしたことは間違いないのではないか。

和戦両様の考えということについて作者・江宮は勝に次のように語らせた。

「恭順も本心、新選組の甲府行きも本心。どちらも本心ですよ。もっともその前提には、さっきちょっと話した内戦が長引くと外国の列強にいいようにしてやられる、という不安がありますがね」

「将軍様はちゃんと将来の構想を持って大成奉還し、恭順を続けているんだ。つまり」とその粗筋を語る。幕府を廃止して朝廷と各藩からなる朝藩体制を新しい政治体制にし、調停には上下二院からなる議政院を置く。ここではすべてを「公論」によって諮り、国内の政治や外交問題を決める。議員は、上院を公卿と諸大名から選び、下院は諸藩の藩士から選出する。

徳川家はその新しい政治形態の中心（議長）としてこれに参加する。天皇親政など考えず、天皇は国家元首として、これまで通りに形のみの存在とする。新しい政治形態のイニシアティブを取ることこそ、徳川宗家の役割であると。その場合に、徳川宗家の背景（兵力）や拠るべき領地も要ると。甲府城で戦うのではなく、立て籠もって官軍の東山道先鋒隊の進軍を阻止してくれれば、それを切り札に西郷と有利に会談を進め、将軍様を中心において形だけの天朝様を戴いた共和制も実現できるかもしれぬ、と。

この「公議政体論」は退けられたはずのものだが、もしや甲府城を鎮撫隊が東征軍より先に押さえることができたなら勝と西郷との話し合いで復活折衝も有り得るのかもしれないと土方に思わせたのではなかろうか。

というより東征軍を前に、まず鎮撫隊の勝ち目はないとの目論見から、土方をはぐらかすためだけの勝の方便でしかなかったと考えられないこともないのだが。

古史古伝ミステリー・徐福と富士古文献（宮下文書）

徐福（徐市）については「徐福伝説」という形で日中韓の民衆のなかに長く信仰されてきた。それは、口承伝統として、各地域に徐福崇拝と深く繋がり信仰されてきたものである。また徐福に関する伝承地は日本に二〇カ所以上、中国に一六カ所以上、韓国にも数多くあるそうである。徐福は、司馬遷編纂の「史記」（BC二〇六年～二五年）にその記述が見られる人物で、秦の始皇帝（BC二五九年～BC二一〇年）の命を受け不老長寿の薬を手に入れるために、東方にあるという蓬莱山を目指して出発したという。古代中国人は、東方のどこかに不老長生の霊薬があるという幻想（神仙思想）を持っていて、徐福一行もそんな理想郷を探し求めていったのであろう。徐福が韓国を経て日本に来たという伝説が各地にある。

この辺の事情の詳細は、次のようなことであるらしい。

徐福は、それまで始皇帝（政）と同じ嬴氏(えいし)でもあり応援者であったのだが、秦の野望が六国の最後に残った斉に矛を向け、宰相を買収し斉都の臨淄(りんし)を無血開城させたことから激しい敵愾心へと変っていった。そして始皇帝にひと泡くわせたいと、戦わずに勝つ道を探って辿り着いたのが「蓬莱大人」という戦国時代に斉の山東地方で形成された仙話で、脳裡に閃いたのが蓬莱・方丈・瀛洲の三神山であった。斉の思想家騶衍の壮大な宇宙観にもとづいた学説こそ使えると考え、徐福が注目したのが「裨海」であり「海中の三神山」構想であった。そもそも始皇帝は性悪説に拠り、現実主義者で御しやすい人物だというのだ。

そこで、始皇帝の巡幸の際に、徐福は拝謁を願い一大パフォーマンスを繰り広げた。

「仙薬を手に入れるためには、海神さまは良家の子女や五穀（の種）百工（多彩な技術者）を献ずれば与えようと、おっしゃっています」と。「燕の照王様や斉の威王様も舟を出しましたが、威光がなく手に入れることができませんでした」と。徐福の巧みな言葉によって、始皇帝はへりくだり、無冠の者にも下手に出て、徐福に巨額の資金を与えたという。その後、徐福は平原広沢（広い平野と湿地）を得て王となり、帰ってこなかったと。その行方や如何に。「史記」以来、杳として消息を絶った徐福が再び歴史に登場するのは、出帆以来一一六〇年後のことである。五代後周、斉州開元寺の和尚・釈義楚の「義楚六帖」（九六〇年頃）に次のように記されていると。

「日本国亦名倭国。東海中。秦時、徐福将五百童男、五百童女、止此国也。（中略）東北千余里有山、名富士亦名蓬莱（中略）徐福止此、謂蓬莱。至今子孫皆秦氏（「日本伝」）」

日本国又の名を倭国という。東海にあり。秦の時代、徐福が童男五百、童女五百を率いてここに止まった。（中略）千余里に富士山という山がある。またの名を蓬莱という。徐福はここに止まって、今に至るも子孫は皆秦（羽田）氏を名乗っているというのである。

富士吉田市明日見湖畔の御伊勢山に徐福の墓がある。

（土橋寿著「始皇帝を手玉にとった男」より抜粋要約）

徐福なる人物の魅力は、一見すると大法螺吹きのハッタリ屋、狡猾ないかさま師のように見えなくもない。が、時のカリスマ始皇帝に謁見したる様は堂々としていながら切れ者で、自分の信念を押し通して実現したところなど、ただの方士（修行者）ではなく、王になるべく素質を備えた策士であったろうと思われる。

ところで、「史記」などに記述はあったものの長い世紀にわたって伝説のベールに包まれた徐福の実在だが、昭和五七（一九八二）年、中国が国家事業として進めた「地名辞典」編纂の際に江蘇省の韓楡県で徐氏の家譜と徐福の郷里が発見され、造船所跡地や出港地などが相次いで出土したのである。徐福の実在が明らかになるに及んで日中間でも飛躍的に研究が進んでいるという。

さて、この徐福や徐福の子孫が（当時の伝承や口伝などを）編纂したと記されている秘匿の古文書が、明治一六（一八八三）年に富士山北麓の山梨県富士吉田市大明日見（旧南都留郡明日見村）の浅間神社の宮司を代々務めてきた宮下家で発見されたという。日本の超古代史をはじめ不二阿祖山太神宮に関する五〇〇点にも及ぶ古文書群は、「富士古文献」の名称で呼ばれるが「宮下文書」とか「富士文書」「徐福文献」などの呼称もある。

原本は、徐福が渡来し記述しまとめたものを中臣藤原物部麿（藤原不比等？）なる人物が徐福伝として筆写し、神社に宝物として秘蔵、厳封してきたといわれている。とはいえ、原本は延暦一九（八〇〇）年の富士山の噴火により、相模国に避難し、寒川神社を創建して保管されたので「寒川文書」とも呼ばれるらしい。が、その後の大洪水で寒川神社も流され、古文書も流失したが、副本から転写された古文書が富士山大神宮に伝えられたという。その後も足利氏による焼却や散逸、その他焼失等があったものの、再々複写古文書として何とか生き残ったらしい。とはいえ、これだけ長期間にも渡る古文献故に、焼失や流失は繰り返され、焼却の憂き目にも遭遇したりで、何度も転写されてきた経緯を考えると原形をどれだけとどめているのかは疑問の残るところであろう。

明治一六（一八八三）年に開封されると、三輪義熈（一八六七〜一九三三年）という人物（彼は山梨県南都留郡の公証人役場に務めながら、毎朝四時に起床し、一九年の歳月をかけて清貧の中で作業を完成させたという）によって（焼け残りの断片等を整理、再編集したものが）「神皇記」として大正一〇（一九二一）年に出版された。「富士古文献」は、ここではじめて世に知れ渡ったのだそうである。

このことが世間に大いに反響を呼び起し、研究の財団（財団法人「富士文庫」）まで設立されたのだが、著名な学者によって（内容や文体、言語的特徴などから）偽書であると判定されるや、再び埋もれてしまったのだと。

その内容はというと、秦の始皇帝三年（BC二一九年）徐福は不老不死の良薬を求めて中国を出帆、蓬莱山を見つけたものの見失い熊野（新宮市）に上陸、ここで不二蓬莱山を探す。三年かかって、東方に見つけ駿河の浮島原（富士市田子の浦）に上陸、富士山麓の阿祖谷小室家基都（富士吉田市）に到着。更に大室の原に止まり、後中室に移り、童男童女五百余人が中室に、或いは大室に居を定めたと。富士に住み着いた徐福一行は、文化や技術を伝えるとともに、そこにあった阿祖太神宮に伝わる古代文字で記された伝承などを漢文に書き残したと。日本神話の高天原は富士高原のことで不二阿祖太神宮で代々の天皇即位式が行なわれたとも。

日本には、ウガヤ朝、フキアエズ朝という王朝が五一代二〇〇〇年に渡ってあったといい、これは「竹内文書」や「上記」（うえつふみ）といった超古代史文献にも登場する王朝名ともなってくる。加えて「富士文書」には、さらにそれ以前に「豊阿始原世地神」五代など五〇〇〇年にも及ぶ、諸王朝があったとされているのだが。奇想天外なフィクションの真や如何に……。

この点については、次のような指摘もあり参考にしたい。

内容・文体からは近年に書かれたものであることは明らかであるが、今は失われた何らかの古くから伝わる文献があり、それを基に「富士古文献」は近世に書かれたものではないか。創作の部分と正史からは失われた日本の歴史も含まれていると推測されると。

（二〇一四年・伊集院卿著「富士王朝の謎と宮下文書」より）

正史に対して稗史という言葉がある。正史は国家が編纂した正統な歴史つまり官撰の正式な歴史であるが、見方を変えれば勝者の歴史であり、時の権力者に都合良く仕立てられた歴史ともいえる。とすれば、稗史は民間の伝えた歴史つまり街談巷説の類いで、敗者の歴史、民衆の捉えた異端の歴史であるといえなくもない。歴史の多面性を考えれば、どちらにより真実が多いかは定かではなかろう。既に正史のなかでも、修正を余儀なくされているものも多い。「仁徳天皇陵」は「大山古墳」になって久しいし、日本最古の貨幣「和同開珎」は「富本銭」に、「聖徳太子」は「厩戸皇子」となり、また元に返り咲くことにもなった。呼称の変化だけではなく、源頼朝の肖像画も「伝源頼朝像」が定番であったが、それもついには足利尊氏の弟・直義の顔であったことが判明した。ことほど左様に、歴史は新たな発見や学問の研究の進捗で常に変化していくものなのである。

奇書、偽書と呼ばれる書物のなかにも、真実ではないかと思われる指摘や興味惹かれる異説があるからこそ人は魅せられ惹きつけられるのではなかろうか。一刀両断に荒唐無稽なフィクションと切り捨ててしまっては学問の進歩に貢献しまい。

最後に、伊藤健二日本徐福協会事務局長の「徐福研究の視点」（「二〇一六・富士山徐福

フォーラム国際大会」所収論文）を掲載させていただき、この項を閉じたい。すべての古文献、古文書研究に志すにあたって心しなければならない指摘である。

「江戸時代以前に成立した徐福伝説の多くは、平和的、友好的な徐福であり、富士山にも〝鶴になった徐福〟などの伝説も残されている。徐福やその子孫の書いたと記されている富士古文献では、徐福が、機織り、養蚕などを伝えた、という一般的な伝説が含まれているものの、中国、韓国の歴代皇帝、徐福などが、日本から天下った神の子孫とし、またたびたびの大陸からの侵略に対して日本が勝利するなど、アジアの中での日本の優位を強調するものとなっており、明治時代の日本の思想を反映したものとなっている。

日本の徐福研究の原点は、東アジアの平和、友好としての徐福伝説であり、平和友好を破壊する徐福ではない。徐福に関する研究は、その時代にどのような理由で徐福が登場させられているかの研究でもあるので、富士古文献は徐福研究者にとっての研究対象であることには違いないが、研究の視点をしっかり持つべきであろう」

尚、この項は、「二〇一六・富士山徐福フォーラム国際大会」の冊子から多くの示唆を受けた。ここに実行委員会・富士山徐福学会に謝意を表したい。

第三閲覧室　本とその周辺の部屋

■まえせつ■

この閲覧室では、本も含めてテレビや映画など筆者の興味関心の赴くままに視聴したものについてまとめてみた。とはいえ、戦史や戦記文学については、昨年から飽きることなく読んだり見たりしてきているが、前著で取り上げたこともあって、今回は見合わせることにした。

それにしても、こちらが歳をとってきたせいか、面白い番組や映画が少なくなってきたことを強く感じる。テレビも、顔見せ興業かと思われるほどに似かよった連中がお笑いやクイズ番組に登場してチャンネルを回す意味が殆どないほど。旅や散歩の番組は悪くはないが、食べ歩きばかりでは、がっかりである。ドラマも今更、誰が青春や恋愛ドラマなんぞに興味がいくものか。馬鹿馬鹿しくて見る気さえ起きない。その点、テレビ朝日がやっと気づいて、団塊世代を対象にしたドラマを流し始めた。「相棒」などからのつながりらしいが、ミステリーやノンフィクションも多く流して欲しいところだ。

今後は増え続けるシルバー世代向けのチャンネルがあっても良さそうに思う。この第三閲覧室にも、そんな定年後の生活を描いた小説を二、三取り上げてみた。ご笑覧あれ。

「運」について考える

…三國一朗編・日本の名随筆『運』(作品社)…

今日はついているなぁ、と思ったりするようなことはあっても、あまり「運」について考えるようなことは殆どない。今日は「運」がよかったなぁと思っても、列車の乗り継ぎがうまくいったとか、紛失してしまった保険証が、実は病院にただ置き忘れただけだったというようなことで一安心したとかの類いのことくらいである。

たまたま、NHKの「あさイチ」という番組で「運」についてやっていたので観たのだが、それによると「運」には「天運」と「自運」というのがあって、自らの力で何とか為るものでもあるらしいと。「運」のいいと思っている人と悪いと思っている人の比較は、実に些末ないい加減なもので、くだらぬ以外の言葉は見つからなかった。

心理学の先生(某女子大准教授)の実験も、視野の広い人=積極的・前向きな人でそういう人の方が「運」を掴めるらしいという一般的なものだったが、どうか。こんなくだらぬことで、お茶を濁せるのも朝ドラの終わった後での、どうでもいい番組であるためか。誰も真剣に観ている人はいないという安心感か。

「運」については、眦(まなじり)を決して考えるようなものではないにしろ、占いとかツキとか書店に行けば、そういった類いの本はごまんと並んでいる。特に、トイレ掃除とか玄関掃除で金が沸いてくるといったような話になると胡散臭くなってくる。

そういった本はトンデモ本とかインチキ本といわれても、結構、詐欺に敢えて会いたいと思っている日本人は多いらしく、特に著名なタレントの書いたような本は平積みになっている。「運」の引き寄せ法則とかの本になってくると、次には「風水」とか「家相」の話に発展していき高島暦や四柱推命、タロットや占星術などにまでいってしまう。

とはいえ、書店ではこういった類いの実用書は、当たるも八卦、当たらぬも八卦というわけで結構売れ行きも良いらしい。少なくとも女性、ご婦人の方には人気でどんなインチキ本でもかなりの版を重ねている。筆者の本（読書コラム）のような実用に供しないものとは比べ物にならず、売れ行きでは雲泥の差があるようだ。これは、騙されたい心理が働くので如何ともしがたい。オレオレ詐欺のように騙すのは悪いことなのだが、占いでなら騙されても気にはならないのである。人間の騙して欲しいという欲求にかなうものはない。

書店に氾濫しているインチキ本とオレオレ詐欺の根本は、実は同類のものと気づかねば永久に損をし続けることにもなりかねないはずなのだが。

それはさておき、そんな「運」についての名随筆集成が作品社より出ているので紐解いてみた。三國一朗の編になるもので、作家、評論家諸氏のものから採ったものであるが、その中から、興味惹いたものを三、四取り上げてみる。

最初に取り上げるのは評論家・秋山ちえ子の体験談で、「運」ではなく「運命」と題するものであった。彼女が戦前、親しくしていた男性と戦後久しぶりに大阪出張があったので、夕方にでも会って食事でもと考えていたのだが、特急「つばめ」が関ヶ原の雪の為に大幅に遅れ、会えなかったという。確かに「運」が悪かったのだ。しかし、これで話は終わらず、後日その彼がサンデー毎日に「雪山の情死行」といった題で載っていたというのだ。しかも、その日というのが彼女が大阪に行って会おうと予定していた日だったというのである。これを「運命」と言わず何と言えようか。

彼女は「私が力ある存在だとは思ってはいませんが、人間は死ぬことより生きることのほうに心引かれる生き物ではないでしょうか。あの夜、再会が実現していればと思ってしまうのですが、雪山での心中、あれが彼の運命だったのでしょうか」と結んでいる。「運」と「運命」の似て非なる言葉に考えさせられた。

この「運命」については、戯曲や映画、ドラマの中などから考えついた文章が結構多く載っていた。が、それは大半が作家という職業柄のためか、読んだ書物から考えついたものであろうと思われたが、残念ながら興味関心を惹くほどの話はなかった。

ところで、劇作家・飯沢匡は「占いのたぐいの詐欺性」というタイトルで、かつてNHKの「女性手帖」という番組に出たことに関連して、ヒノエウマなんていう迷信は罪が深いと述べ、西洋の忌み数一三という数字や日本の忌み音韻の「シ」、仏滅とか友引、大安も同様ではないかと。その番組で占い師と対決したとき、「あの長崎、広島に投下された原爆によって死んだ人は何十万といるが、被害者たちは、あの日あの時間に原爆で死ぬという運命に鋳込まれていたと占うのなら、その予兆をどのように示すことができるのか」と質問したとき、占い師らは、狼狽（うろた）えてしどろもどろになってしまったという。

　何らかの共通因子を示して（例えば姓名判断なら共通する姓名や画数があるのか）大量虐殺の運命の予兆を証明できなければ、それはインチキなのであると。

　確かに「運」が悪かったというだけなら、死傷者は全員が前向きでない人ばかりだったのか、積極性があった人は助かったのか。今日（平成二八年一月一五日）一四人（後一五人に）の死亡を含む三九人の死傷者が出たバス転落の大惨事が起こったが、今回の事故の預言をした占い師は一人としていなかった。（後日談で預言していた通りになったというのでは詐欺師だ）預言などというものが、いかに当たるも当たらぬも八卦であるかが分かろうというもので、インチキの極みであることの証明なのである。ましてや、トイレ掃除のようなことで、未来の幸運などが掴めるものではないことを肝に銘じなければ、あたら己の人生を馬鹿げたことで振り回されることになりかねない。

　トイレ掃除は悪いことではないが、それで金持ちになったりすることもなければ、借金まみれで不幸になったりするようなこともない、人生にこうすれば良いなどということは存在しないと分かればいいのだ。

それに対して、文学者・小泉八雲は……。

そういった考えを持つのもいいし、占いなどは迷信だと言って軽蔑するのもいい、が、易学その物は、それに通じた大家の手にかかれば決して間違いのない物であると主張する。氏に寄れば、その占い師は日本中を歩いて見聞した古い伝説や信仰、占いの事に関して話をしてくれ、また占いもよく当たり恐ろしくなったほどであったという。その占い師の紹介した話は、支那の邵康節と云って居る人の話で「梅花心易」という占いの本に出て居るものだそうだが、神がかりのような話で俄には信じられないものであった。が、そういった仙人のような人がいたという話（伝説）は興味深い。当たるも当たらぬも八卦で、そう目くじら立てていうほどの物でもないような気もしないでもない。


さて、「運」といえば競馬、馬券で大当たりでもしてみたいという欲求にかられたことのない人はいまい。作家の五木寛之に言わせると、世界的に見ても競馬は上等な遊びではないらしい。五木は、平壌やモスクワに行った時のことを想い出して、競馬場へ行くのはタクシー運転手からも勧められず、もっと大事な見所があるんじゃないかと……説得されたことを述べている。

確かに、やればハマルし、虜になるようなのは、心情を煽るように語りかける競馬新聞であって、今でも浪曲や講談といった伝統的大衆文芸の要素が紙面に踊っているのだから無理もないと。親戚の叔父は大の競馬好きで、競馬新聞を常に携えていたが、なかなかやめられないのが分ったような気がする。が、菊池寛の「馬券哲学」の終わりの項には、納得させられるものがある。

「馬券買に於て勝つこと甚だかたし。ただ自己の無理をせざる犠牲に於て馬券を娯しむこと、これ競馬ファンの正道ならん。競馬ファンの建てたる蔵のなきばかりか（二、三年つづけて競馬場に出入りする人は、よっぽど資力のある人なり）と伝わる、勝たん勝たんとして、無理なる金を賭するが如き、慎みてもなお慎むべし。馬券買いは道楽也。散財也、真に金を儲けんとせば正道の家業を励むに如かず」と。

確かに、叔父の家に蔵は建たなかった。が、競馬から足を洗ってからはちょっとは見栄えのする邸に住めるようにはなったのだから、菊池氏の言に間違いはなさそうである。

ラストは、俳人・飯田龍太にご登場願いこの項を閉じたい。それは「運」ではなく「恩寵」という超自然的な神の恵みについてである。古里、山梨の境川村というところの社について記した文章は、その中で旅慣れた行商人の説を紹介していて、むべなるかなと納得させられる。

「見知らぬ土地へ行って、手早くそこの人柄を知るには、氏神さまにお詣りしてみるのが早道だそうだ。立派な社殿を持った村は必ず懐具合がいい。そういう村ではたっぷり商売ができる。ただし、社殿ばかり立派でも、木のない氏神さまであったら掛売りはしないこと。たとい社殿は小さくとも、木が鬱蒼と茂っている氏神さまを持った村なら、少々利益を薄くしても、来年をたのしみにしていいそうである」と。

木を伐採して新しくした村社にもやっと、小松が生い茂り、社殿の空を蔽うようになったと、氏の村の社にひと安心する気持ちが見て取れる文は何ともいえない。神を想うおおらかな心持ちは個人の「運」を超えたところに存在する「恩寵」となって、安らぎを与えてくれるのであろう。

以上、「運」の本の中では三一人の筆者の多くが生と死について言及していたが、特に昭和前期は「戦争」の時代でもあり、多くの国民は命を短く終えた。「あさイチ」の番組の中で、「今、ここに生きていられるだけで、もう幸せで、それは「運」がいいこと」という投稿があったが、その通りだと思う。

定年後ともなれば、仕事を続けてやっている人もいれば、第二の人生でボランティアや趣味の世界に生きている人もあろう。が、少ない年金、一部の大金持ちを除けば多くの国民は豊かではない、貧乏人ばかりである。日々の生活をつましくして過ごす、後期高齢者になっても働く。勿論、悪いことではないし、細く長く生きる健康長寿にも繋がる。

若い人なら尚更だし、老人でも、体調も絶好調でランニングに励んでいるような健康体ならば、いつ来るか分からない「死」は遠くへ追いやりがちで、考えないように忙しく日々の雑事にかまけがちではなかろうか。が、残念、遅かれ早かれ、病気は襲ってくるし、体も思うようには動かなくなってくるのだ。老化はサプリメントで補えるものではない。アンチエイジングに励むのもいいが、「死」は目前に在りなのだ。突如、明日にでも……。

ただ、「胆（はら）をくくる覚悟」さえ在れば恐るるにはあたらないのだ。

「思想」・「哲学」は必要か？

…勢古浩爾『思想なんかいらない生活』（ちくま新書）…

はたして「思想や哲学」は人間にとって必要か？　と問われても、すぐには答えにくい。人それぞれであろう。必要とする人もいれば、全く必要としない人もいて当然だ。公衆・民衆・大衆と言い方は色々あるが、多くの庶民にとって「思想や哲学」は、あってもなくても、いや全くなくたって、困らないものかもしれない。魚屋だって八百屋だって、スーパーの店員だって、自分の生への考えは持っているに違いないし、人は皆、自分のポリシーを持って仕事をし、生きている。何の考えもなしに生きている人だって問題があるわけではない。（いや、そんな大層で大仰なことなんかは改まって考えたことはないという人もいよう）それでいいのだと思う。

ところが、本当に「思想や哲学」は人生に必要か否か、役に立つのか立たないのかに疑問を持ち、何冊・何巻もの思想書等を読み散らし、思考を巡らして、結論らしきものを獲得しようと格闘した市井の人がいた。本書の著者である勢古浩爾であった。よって、本書は「現代思想入門」のさわりくらいの役割は果たしているともいえよう。学者でもなく、それを職業とするでもないのに、ご苦労なことであると思う。今さら、誰がこんな面倒なことをやろうとするものか。そんな暇はないし、そもそもそんなことに関わろうとも思わないはずだ。
勢古は、「まえがき」のなかで次のように述べる。

「(思想という)この言葉は人と場所を選ぶ。選ばれた人間は、一口でいえば人文・社会科学系の知識人とその予備軍である。インテリ気取りの学生やサラリーマンにも少なくない。それも、圧倒的に男に多い。むろん、高学歴、一流大学出の女にもいる。選ばれた場所はもちろん、知的な空間である。すなわち大学の研究室、哲学・文学サークル、それに新聞社、出版社などアマチュアインテリたちの職場である。

生まれてから死ぬまで自分の生活一番の、大衆や庶民にはまったく関係ない。そのへんのおっちゃん、父ちゃん母ちゃん、兄ちゃん姉ちゃんなどの庶民は、この言葉にまったく呼ばれていないのである。呼んでもいないが。庶民にとっては基本的に生涯無縁の言葉であり、それどころか、かれらの集まりのなかで使うにはほとんど赤面ものの言葉でもある。一般の会社員や学生にとっても事情は変わらない。会社や友人同士のなかでも、「思想」なんて言葉はめったなことで口にされることはない。そういうヤツは必ず浮くのだ」と。

確かに、普通に生活している上では「思想」なんて言葉はやっかいだし、不必要だ。勢古の言う通りである。が、そうでもないのだ。筆者の過去を振り返っても、確かに大学時代こそ西洋哲学や思想史などを中心に少しは学んだはずだったが、面白いものではなかった。事実である。が、「思想や哲学」は、物事を論理的に思考するために必要なツールだと考えるようになったこともある。就職してからだった。三〇を過ぎて改めて、学問の「思想や哲学」の面白さに目覚めたというべきか。大袈裟にいえば「知への誘惑」にかられた。そして面白そうな雑誌の特集記事や入門書もあって惹かれる面は確かにあったのだ。

哲学ブーム（「フランス現代思想」や「ソフィーの世界」など）というのも、何度か起こった。それに釣られて、一緒に浮かれた。つい、最近でも（といっても二〇一一年）ハーバード大学のM・サンデル教授の「正義論」に関連したブームが（NHKで放映されたこともあってか）起こった。多くの日本人が、公共哲学や問答形式の講義に浮かれたものだ。「白熱教室」（現実に即したモラルジレンマ題材による全員参加型の教授法）や「哲学カフェ」なんてのも一つのブームといってよかった。確かに「知の議論」は面白そうだった。浮かれて何冊かの本を手には取った者もかなりの数に上るのだろう。が、そこから、どれくらいの人が「思想や哲学」の世界に本格的に入門していったかは分からない。

筆者も、かつて読んだ哲学概論や実存主義、日本思想史や現代思想の本などをはじめ何冊かを懐かしむように取り出してみたり、新刊書も何冊か購入してみたりしたが、それまで。上っ面を舐めただけ。

そこで、勢古は続けて言う。

「だが、目がさめた。さめすぎて、「思想なんか自分の人生には関係がない」とまで思うようになった」と。そして「本書はその「思想」批判である。思想はあなたの人生を豊かにする、思想なくして現代は生きられない、自分を深く知ることができる、まだまだ有効だ、と素人（大衆）をたぶらかす「思想（哲学・批評）」批判である。

さらに、それと対になったインテリ批判、ひとりよがりの「思想者」（哲学者）批判である。なんのために。ふつうの人間の生き方、つまり「思想なんかいらない生活」を擁護するためにである。実利の人生を擁護するためにである」と。まあ、分からぬでもない。

シロト・大衆を擁護してくれるのは有り難いと思わぬこともないし、勇気づけられないこともないが、こちらは別に擁護されなくてもいいのだ。とはいえ、勢古のお節介も、「そんなこと言ってるが、本当にそうか？」と考えさせてくれた点からは、有り難いともいえないこともない。

そして、「現代思想」がいかに、下らぬことにウツツをぬかしているかを本書でこれだけはっきりと明示してくれたことには、感謝せざるを得ない。勿論、筆者と勢古の考え方は若干異なるので、全面的に賛成する分けではないのだが……。

さて、前置きが長くなったが、本文はというと、紹介されている抜粋は、優れた論考もあって、勢古がなるほどと共感したり、惹かれたりするところは筆者も同様であった。が、大半は難解・晦渋を通り越して言語明瞭・意味不明瞭の悪文が頻出し、ドグラマグラして、まともな神経では読めないシロモノのオンパレードと言ったら言いすぎか？　もっとも、勢古が、余りにも酷い、読解不能な文章のところばかりを選り抜いて解説しているのだから無理もないし、それが却って厄介ではあるのだが。

翻って、大学時代を思い起こしてみれば、そういったもって廻ったくどい言い回しや、専門用語や造語（ジャーゴン）がやたらと出てきて、わかりにくいだけの文章を読まされても、尚「なるほどねー」と、妙に納得しそうになったこともあった。

それでも、暇を持て余した大学時代なら、専門語を哲学用語や思想辞典と首っ引きで格闘しつつ厳密に読み解いていく愉しみもあろう。不如意なる課題論文やレポートの提出でも、締め切りを気にしながらも、それに間に合わせるために参考文献を渉猟、斜め読み、飛ばし読みして、訳がイマイチ分からぬままでも仕上げる必要もあったろう。それはそれでいい。愉しい作業といえなくもない。

しかし、今は若くはない。もはや戯言を言っておられる学生や院生ではない。実利の仕事に就いている庶民・大衆なのだ。しかも、これらは一般大衆向けに書かれた書籍や新書であるというのだ。それが、こんな有様では、何をか言わんやである。誰を想定して書いているのかさえ、見当もつかないものさえあるのだ。

出版社の編集者も、本当に読んだのか？　と疑わざるを得ないものもあるらしい。偉い大学の先生に執筆をお願いしたのだからと、（普段は威張り散らしている編集長でさえも）何も言えずに発行に踏み切ってしまったのかどうかは謎であるが。もっとも、こういった難解・晦渋極まりないしょうもない内容では、部数もどうせ捌けないだろうと踏んで、五〇〇〇部くらいで手打ちにしたのかどうか？　一応、一般教養や専門課程の概説等で学生にテキストの副読本や参考文献という形で、毎年、売りさばいていってもらえば結構、どっこいどっこいで、再版くらいにまで漕ぎ着ければ大儲けと判断をしたのか？

それはともかく、まず、普通の一階に住んでいる一般庶民は絶対に買わないであろうと思われるし、中二階に住んでいると思しき思想や哲学贔屓のインテリ連中にでさえ、手に取ることは有り得ない内容のものが殆どといっていい。二階の住人である知識人のみの間でしか通用（流通）しないそんな訳の分からんような書物も氾濫しているというのだ。

確かに、勢古が敢えて抜粋した一部を見れば、「むべなるかな」とその酷さに呆れて納得せざるを得ないことも確かではある。

勢古は、「思想」とは、生活や労働の現場に無自覚な思想家が単に営業上必要としているバッタ商品（商売道具）にすぎないのではないかとも主張している。ちなみに、一階は大衆の住んでいる世界で、自分にはじまり家族や生活、現実、低俗、平凡、実用、世間などといったリアリティーのあるもので、二階の知識人が住んでいる世界は他人にはじまり世界や言葉、抽象、高級、理念、知識、難解、権威などといったイメージに代表され、棲み分けができているという。ただ困ったことには、その二階のフランス料理を食べ世間を下に見ている住人も、マックを食べている一階に降りてくると、実にみみっちいらしいのだ。俗物根性丸出しで、恥も外聞もないというのだが、それも面白い。ずっと、二階にだけいることは、退屈なのであろう。

さて、宮崎哲弥は、いみじくも『新書365冊』で指摘しているが、「前半は名立たるインテリ、知識人を撫で切りにする。(俎上に載せて切った順だと、それは蓮實重彦に始まり、竹田青嗣、小森陽一、大月隆寛、小熊英二、佐藤俊樹、加藤典洋、橋爪大三郎、三浦朱門、鷲田小彌太、柄谷行人、渡部直己、小浜逸郎、大澤真幸、福田和也、中島義道、永井均、池田昌子、姜尚中、副島隆彦、奥泉光らの論考を取り上げ、ついでに大学教授や高級官僚、インテリ知識人らにも八つ当たり……)それも無手勝流の袈裟懸けで。批判というよりも罵詈雑言に近いように思える。仮に批判としても過度に主観に傾いでいて、いわばゴンゾー・クリティシズムの典型である」と。

確かに、勢古の主観に基づいた批判であり、二階の知識人らを罵倒しているのは事実である。が、妙に納得してしまうのもまた事実なのである。それは、筆者も勢古と同質・同類の輩ということなのか？　敢えていえば、一階に同居している一般大衆の視点から上の二階を見上げているからだろうか？　もっとも、勢古の批判した人物の中には、筆者にとってのご贔屓衆もいるので、その点では何ともいえないのだが……。

さらに宮崎は続けて、「普通の、無意味な生を送り、そのうち死んでしまう大部分の人々に、思想はどんな効用を供し得るのか。人生に束の間の喜びを与えられるか」と述べ、「お偉い学者や思想家先生の小難しい繰り言よか、占い師や拝み屋のご託宣の方がなんぼかためになるわ！」と言い放つ。

江原啓之のご託宣に悩みの解決を見出したり、細木数子の六星占術に運命の光を見出そうとしたり、はたまた相田みつをの書や色紙をトイレに飾ったりするのも、きっと庶民の心に入る言葉がそこにはあるからだろう。

最後に、勢古は「あとがき」で、「なぜ、吉本隆明が入っていないのかと怪訝におもわれたかたがいるかもしれない」として、吉本だけは別格であると告白する。なぜなら、吉本だけは、唯一恩恵を蒙った「思想家」であるからだと何の恥じらいもなく堂々と述べる。が、どれほどの役にたったのかは、まったく書かれていない。が、近く、それを本にするから、ご期待あれということらしい。

吉本贔屓の人や勢古と同質・同類の者なら、どのような恩恵があったのかを大いに開陳してもらいたいところではある。

底辺生活者の系譜

…紀田順一郎『東京の下層社会』（新潮社）…

先日（平成二八年八月一五日）「テレビ朝日」では、大田区と川崎市の間を流れる多摩川周辺のホームレスの夏の実態をレポートしていた。テレ朝ではここ何年か、この通称「多摩川リバーサイドヒルズ」などを継続取材しているのでているのだが、冬と比べても、かなり厳しい状況にあることを認識した。

冬の寒さには、それなりの対策もあり、食物もすぐには腐らないので買いだめも可能とのことだが、夏の（特に温暖化の影響をもろに受けた）暑さには対策は施しようもない程であるらしい。

そもそも、この辺り（河川敷周辺）に勝手に畑などを作ったり、掘っ立て小屋などを建てたりすることは、多摩川の河川敷を不法占拠しているわけで違法であるのだが、撤去は進まず、増加傾向にあるらしい。川縁に林立するバラック群は壮観でさえあり、その数は二〇〇とも三〇〇ともいわれている。

ホームレスも人それぞれで、かなり立派な骨組みにベニヤ版が打ち付けられ、玄関ドアなど一般住宅と同じものもあって、中は裕に八畳はあるような広さに発電機やソーラーも備え、電化生活を営んで（調理器具や冷蔵庫、テレビやＤＶＤなども備えて）いる者もあれば、テントに近いビニールシートのみで蔽い、人が一人寝る二畳程度の所に居住している者もある。殆どは、その中間で、雨露がようやっと凌げそうなもので、台風など来たら水浸しで、小屋ごと飛ばされそうな安直な作りのものである。土の上に敷いた湿った煎餅布団が印象的であった。多くはその人の腕（技量）や人間関係でそれぞれの小屋は出来上がっているらしい。

夏の一番の敵は「蚊」だそうで、蚊取り線香は必需品とのこと。夜は全く寝られないほど酷いのだそうだ。もっとも、周囲が二メートル丈にもなる雑草の藪の（熱帯のジャングルに近い）中にいるわけだから無理もない。加えて昼間は室内の暑さが三四度以上にもなり、暑さ対策として水（公園の水道）で身体をいくら拭いても、炎熱地獄から逃れられないと。只ひたすら、横になって過ごすのみであるらしい。

生活の糧は、朝四時に起きて一一時くらい迄、自転車でアルミ缶（他に古紙など）を集めることで、二〇キロで二〇〇〇円ほどにはなるらしい。結構な重労働でもある。が、年金があるわけでもないので、日銭を稼ぐしかないと。また、稼ぎに出られない日は水を飲んで過ごさざるを得ないとのことで、こういった日が何日も続くとやせてくると。

何のために生きているのか、死ねないから生きているのかとも思われないでもないが、楽しみもあって、仲間と一杯やりながら話をしたりすることは、唯一の娯楽ともなっている。考えようによっては、誰の束縛も受けずに(不法占拠で違法行為をしているわけだが)、これほど自由に生きていられるのは、幸せなのかもしれない。このバラック村に居住しているのは、六〇代以上の老人男性が殆どで、二、三〇代の若者連中のネットカフェ難民とは、趣を異にしている。

こういった居住型に対し、パーキングエリアや道の駅などに車中泊で何年も過ごしている者もある。別にキャンピングカーのような贅沢な設備のあるものではなく、普通の乗用車を塒（ねぐら）にして過ごすものである。

熊本地震の時は、体育館や公民館などの公共施設の耐震性がなく、車中で何ヶ月も過ごさざるを得なかった人達が多く出たが、それと似たようなことをしているわけだ。掘っ立て小屋と違って、足を伸ばせるわけでもなく、ましてや寝返りを打てるわけでもなく、狭い空間にじっとしていなければならないわけだ。夏の暑さにもまして冬の寒さはこたえるそうで、毛布を何枚もかけても寝つかれないと。

世代的にみると、ここに居住している人達は、皆訳あり（離婚・別居など）で六〇代くらいまでの中高年が多く（中には八〇過ぎもいるが）、年金も一〇万円以上あって日雇いの仕事でも一万円以上は稼いでいて、多摩川周辺に巣くっている老人達よりは相対的に豊かな生活をしているようでもある。何しろ、家族で暮らしている者もあったり、たとえ一人暮しでも息子や娘とは連絡が取れていたりで、身寄りの全くない多摩川周辺の老人らとは異なっている。

もっとも、東京でも荒川周辺や大阪などにも似かよったバラックの貧民窟があって、大都会の暗部といえなくもないが、本項で扱う東京の山谷や大阪の尼崎（西成区）のような細民地区の簡易宿泊所に日払い仕事で暮らす年金生活者・生活保護者と（川縁のホームレス）を比べて、どちらの方に自由や幸せな人間的営みがあるのかと問われても、即答出来る者はいまい。共通項もないではないし、似て非なる者でもなく、微妙に似通っている点はあるのだ。

さて、いつの時代でも、こういった底辺生活者のその日暮らしに近いような生活実態はあって、歴史的に辿れば、江戸期以来のエタ・非人、戸籍を持たない浮浪者（サンカ）が木賃宿、長屋密集地へと流入する頃から考察しなければ始まらないような気もするが、ここでは、明治期からの日本の下層社会について考察してみたい。

紀田は、終戦直後の過酷な生活（バラック住まいと食料難）を経験したことが、都市の下層社会に対して関心を抱き続けることになったと言っている。それが、当時の文献・資料に当たっての労作『東京の下層社会』に結実した。

筆者の場合は、毎年夏休みに東京の台東区竜泉（樋口一葉の旧居近く）の親戚に遊びに行っていたことが大きい。叔父は下請けの小さな防水工事の会社を経営していて、山谷のドヤ街に近く、日雇い労働者を多く使っていたことが記憶に残っている。ただ零細企業ではあっても叔父の生活は豪勢で多趣味、安サラリーマンの父との違いも感じざるを得なかった。祖父とよく歩いた竜泉、入谷、日本堤といったところは、やはり独特の雰囲気があったが故に、その地名に郷愁を抱き、興味を惹かれ続けてきたといってもよい。

もっとも、当時より半世紀近くも経ち、三ノ輪駅からの街の様子も様変わりしていて、かつてを想起することさえ難しいくらいに変貌を遂げてはいるのだが、ちょっと裏道に入れば、かつての懐かしい臭いとでもいったような雰囲気を感じ取ることは意外に容易い。昔と違ってホームレスも服装などでは殆ど区別がつかないが、やはり独特の臭いが漂ってはいるのだ。


今はなき東京三大スラムというのがある。明治期では、下谷万年町、四谷鮫ヶ橋、芝新網町という貧民窟で、大正末期では、南千住、三河島、日暮里という細民地区（不良住宅地区）に移ったようなのである。もっとも、大都市のスラム現象は、今日のドヤ街（東京では山谷、横浜は寿町、大阪では釜ヶ崎のあいりん地区）を除けばほとんど跡を断ちつつあるという。

しかし、それより現在の問題は、一般住宅の狭小スペースやミニ開発による環境悪化、団地の老朽化などという新たなスラム化現象が生じつつあるということだ。確かに、昭和三〇年代になってモダンな公営住宅へ入居することは、憧れであって厳しい競争倍率の抽選に当たらなければ入れない程の理想的な住まいだったはずである。しかし「あれから四〇年」、綾小路きみまろではないが、時の経過には勝てず、当時は時代の最先端だったはずの鉄筋五階建て、鉄のサッシに二DKの間取り（六畳の洋間や寝室、キッチン）も見る影もない程に老朽化。三、四〇代で理想のマイ・ホームを手に入れた人達も子育てが終わってみれば、今は七、八〇代と住んでいた人達も老化、一人暮しも多く、荒廃したニュータウンは今や老人ホームと化したオールドタウンに変貌を遂げている。

明治期の貧民窟を描いた松原岩五郎のノンフィクション『最暗黒の東京』や横山源之助の『日本の下層社会』などによれば、万年町にある日雇い労働者相手の木賃宿に入ってみれば、二〇畳ほどの大部屋に一五、六人もが入り呼吸もままならず、積み重ねられた垢まみれの布団からは異臭が漂い、隣の老人からは煮しめたような着物から悪臭がふんぷんとし、肥え太った虱や蚤、南京虫までいる有様だと。三銭払っても、プライバシーなどといったものとはほど遠い宿。それでも野宿よりはましだそうな。

万年町の棟割長屋はというと、汚物や尿壺で足を踏み入れるのさえはばかれる一角にその家はあり、九尺の板囲いは大破し、傾いた屋根を支える柱も曲がり、畳も藁は崩れ、煎餅布団に包まった老女がいるも、神体を安置、祖仏を奉祀する崇敬心を失っていないところに感銘を受けたとのこと。鼻をさす異臭も忘れ「コレハコレハ」と迎えてくれたと。

職業は、旧幕からの駕籠かきの流れで人力車夫が最も多いのだが、手職あるもの多く乞食渡世は不具のものに廃疾、老衰幼弱の男女に限るとのことで、鼻緒職、櫛職、煙草行商、三味線弾き、左官、瓦職、皮職、鳶職、傘直し、塗物師、摺物師、暖簾師（青物買いのインチキ行商）、廃品回収業者（紙屑買・紙屑拾）、按摩、納豆売りなどなど……。工場労働者の居住区ではないため、製造業に従事する人は非常に少なく、ササラや曲げ物を商う者もいると。また、乞食も立派な職業で、立ちん坊という長屋に住めない無宿労働者もいたらしい。

「日本一の塵芥場」芝新網町は、汚水が道路に氾濫し、鼠、腐魚の死骸が散乱、かくの如き不潔なる町は日本全国にもないであろうと、原田東風は書いた。ランプも当時は木賃宿には殆どなく無灯火で、棟割長屋では親子が夫婦、兄弟が夫婦になったりする近親相姦や強姦は当たり前で、これも貧民間の誘惑に他ならずと。

また、窓のない不良建築の悲惨は日光が入らないため結核菌が蔓延、入居者が次々に斃れていくのに、家賃を安くしてでも入れようとする家主がいたとのこと。そんな劣悪な住居でも日銭二〇銭の生活に家賃は日掛けで三銭と高く、家主だけが儲けていたことになる。

そして興味深いことには、人々がどんなひどい家であれ、とにかく長屋に入りたがるのは「名誉」であり、見栄であるというのだ。スラム街でも「あれは宿屋住まいですよ」といえば、（住所不定ということで）責任も義理も人情もない人間をさしたという。

このような極貧の中でも人間の性はさらに貧富の差を生みだし、木賃宿の宿泊人を見下すという倒錯的満足感に浸ろうとしたと。「宿屋住まい」も「長屋住まい」も似たり寄ったり、目糞、鼻糞の類いの「流民」であるはずなのだが……。

ところで「相対的貧困率」という用語がある。ある社会で一般的と考えられているレベルの生活ができない困窮する人が、どれくらいいるかを現わす数値。自由に使えるお金が多い人から順に並べて、ほぼ真ん中となる人の所得（二〇一二年は二四四万円）の半分（一二二万円で、月にすれば約一〇万円）に満たない所得の人の総数が、全体に占める数値を表す。日本は、一六・一％で、約六人に一人。田舎で持ち家でもあれば、何とかなろうが、都会ではまともな生活は無理。どうしても、只で住めるところへ流れていかざるを得ない。

憲法で保障している最低限度の生活以下の人が、現在でも、これだけいるのが現実なのだ。

また、スラム住宅の不衛生は、環境的理由（洗濯場や流し場がない）や職業的理由（多忙や疲労、汚れ仕事）もあるが、それより住民がスラムを「早く脱出したい仮住まい」と考えているからではないかと考察している。その長屋の伝統が、現在の公営団地や木賃アパートに繋がり、現代の高級マンションでさえも、廊下やホールなどの共用部分が汚いのは同様な考えがあるからではないかと指摘している。むべなるかな。それが、今でも「家を建てたら一人前」という世間の共通意識に繋がっているといえなくもないと。

食生活はといえば、残飯屋という商売が繁盛していたと。汁菜、沢庵の切れ端、食パン屑、魚の骨、肥料用のジャガイモの屑、饐（す）えた飯などを仕入れて帰ってくると、老若男女が丼や桶をかかえて駆け寄ってくる様は、まるで魚河岸の市の如くであったらしい。これらは、士官学校から出る残飯だが、海軍兵学校に近い芝新網町も鮫ヶ橋と同様であった。

昭和に入ると、軍隊の残飯（上等）だけではなく、日暮里には東京駅と丸ビル、帝劇の食堂から残飯が供給され、亀戸や新宿では三越や白木屋、松坂屋などから、四谷旭町では松屋とほてい屋から払い下げを受けていたらしい。細民にとっては何が何でも入手しなければ、生きてはいけないのだ。

明治期に東京市中の残飯屋は一七軒、大正期には二七軒と増え、震災後は学校、百貨店、弁当屋から日に六七六貫目（二・五トン）の残飯が払い下げられたと。戦争中なれば、他人が食い残した飯であろうと不潔などと言っておれる状況ではなく、食えなければ死んでしまうのだ。が、その残飯さえ買えない家庭の子供もいたというのだから驚きである。これが、篤志家による給食の端緒（欠食児童に芋粥を給与すること）になったという。但し制度としての学校給食は、残念ながら昭和八年まで待たねばならなかった。

営業廃棄物の処理を民間に頼らざるを得なかった当時とすれば、残飯処理係の確保は好都合でもあったようだ。今どきなら、コンビニのごみ箱から廃棄物を漁るホームレスなども似たような状況にあるが、どちらかといえば、スーパーの夕刻からの半額割引などに群がる庶民に、より近いようにも思われないでもない。

今どきでも、廃棄物を商品として流す裏ルートがあるようだし、飽食の日本の廃棄物は大量（一年で六三二万トン・一人当り五〇kg）で、食べられる物でさえ（賞味期限切れとかで）捨ててしまうご時世では、そんな流通があってもおかしくはないと思わないこともない。

ところで、大正末期の浅草公園では、浮浪者がひときわ激しさを見せたらしい。震災前の調査では、家の軒下や物置、寺社や墓地、共同便所の順で寝る者が多かったというが、一番多かったのはゴミ箱を塒にする浮浪者であったようだ。

ある雨の夜、野宿で震えた身体を湿り気のあるゴミが暖めてくれ、しかも、塵芥を除けるとネットリしたものが掴まれたのだが、何とそれは牛肉の煮たもので、何の用捨もなく口に入れたと。ゴミ箱の中にご馳走があったのだ。以来、男は昼間は公園のベンチで、夜はゴミ箱に忍び込んで珍味を貪り食うという生活を送ったようなのである。

もっとも、このような楽園の日は長くは続かず、女中に発見され安住の地を追われることになったようではある。

日本では、明治から昭和初期に至る迄、国としての救貧政策がなく（寄付等の慈善、偽善事業によってまかなわれた節はあるが）救貧活動に必要な公的予算の裏付けは存在しなかった。それは、日本が近代化する中で「働かざる者食うべからず」というスローガンに見られる困窮者を怠け者ないし落伍者と見做す意識と、貧者に対する倫理的な蔑視があったからで、それが明治以来の低福祉政策を維持していくためには、貧しい者に援助の手をさしのべることがかえってその独立心をそぐことになり、社会政策上有害であるという、財政的困難さのための口実になっていたというのだ。

今では少子高齢化で、社会福祉を現状維持させ年金制度を何とか継続させるためには、消費税を上げることが社会政策上必須の如くに叫ばれているが、果たしてどうなのか。

確かに、低負担高福祉は無理であろうが、金持ちや大企業に優遇しすぎた税制を見直せば、低所得者層を救うことは可能なのだ。これは、多くの学者達が指摘していることなのだが、現政権では実現しそうにもない。

六五才以上の高齢者の四割が生活保護水準より低い水準で暮らしている「老後破産」状態では何をか言わんや。年金カット法が成立し、これからは下がり続ける年金と増える医療介護の負担に高齢者は死を選ぶしかないのであろうか。

最近の「日本良い国・スゴイ国」に見られる自画自賛は、戦時下の「大東亜共栄圏」を想起させてくれる。それが実は「一君万民とか四海同胞というような言葉が極めて通俗に唱えられているにも拘らず、政治や経済の実際を見ますと、全くこの国本に反するようなことが平気で行なわれているのであります」という、戦時中の山田節男の言の指摘通りなのである。

《P・S》

最近、「都で流行るもの」というのが、「ミニマルライフ」というもので無駄な物、余計な物は一切持たない生活なのだそうだ。一時『「捨てる」技術』だとか『断舎離』などという言葉が流行ったが、平成二八年の今は、「ミニマル生活」なのだそうだ。

実践者（殆どは気儘な独身で自由業）の部屋を覗けば、昭和も三〇年代半ばくらいまでの生活そのものであった。

家電製品でいえば、洗濯機や冷蔵庫、炊飯器や掃除機、エアコンなどもないのが普通の生活で、当時との違いといえば、今では、パソコンとスマホがあるくらい。ともかく節約が出来るのだと。電気代も月に二〇〇〇円にもならず、水道代も基本料金のみ。

そうだとすれば、筆者も生まれてから四畳半の大学時代まで、ずっと「ミニマル生活」そのものを実践してきたことになる。風呂は銭湯へ一週間に一回、洗濯はその時に洗うか、共同炊事場での手洗いで充分だった。が、結婚し子供も出来てみればそうはいかず、家電製品はいうに及ばず、背広も服も何十着とかなり増えていき、七ＬＤＫの部屋も物で溢れかえっていた。

ところが、子供が成人して家を出れば、夫婦の二人暮らし。不要な物も確かに多い。本の整理は年に一回はするが、処分量と購入量がほぼ同じために変らずで、一万冊に近い雑本は如何ともしがたい。

ここで、あらためて考えてみる迄もなく、時代の最先端をいっている「ミニマル生活」というシンプルライフの最高の実践者=ミニマリストの究極は、ホームレスということになろうか。大きなバッグ一つが全財産、野宿であれば部屋もいらず、食べ物は残飯ゴミをあさればいいのだから、調理道具もいらない。アパート代、食費代はゼロということになる。勿論、浮浪者だからといって不便はない。公共施設(公園・図書館)などを大いに利用すれば、読書に執筆と知的活動も可能である。正に「街場の哲学者」である。

そう考えると、多摩川のリバーサイドヒルズ族は、住居という厄介なものに支配されていると言えなくもない。物は考えようで、現代の増えすぎた家電製品は、不要な物だらけといってもいい。なければそれで不自由もない。家族がいれば別だが、独り身になってみれば、何をやるのも自由で「ミニマル生活」の実践も悪くはない。

少なくとも終活を考えるようになれば、生活を見直し「ミニマル生活」を取り入れていくべきではなかろうか。

人生後半からのスタイルブック

……村上　龍『五五歳からのハローライフ』（幻冬舎）……

人生の後半を何歳くらいからにするかは、難しいところだが、五〇代も半ばになれば、先は見えてくるから、その頃からか。中年の四〇代では、まだ出世競争もあるだろうし、子会社に飛ばされることもあるだろうし（リストラされないとも限らないわけで）先は見えているようでも最後の姿まではまだ見えない。いや、見えかかってはいても、それに抗う気持ちはある。しかし五〇代も半ばになれば、それはない。もう、どうあがいても先は見えている。

退職後に子会社（下請け）へ出向や再雇用（して年金が支給される六五歳まで）を見据えている者もいれば、転職して新たな働き口を見つけようと考える者もいる。今まで温めてきた新しい商売に一から挑戦してみようと起業する者も少数ではいよう。年金が少なくて働かざるを得ないというのも分かる。とはいえ、どのみち、そう長くできるものではない。長くて一〇年もやれれば十二分だろう。

定年退職後の人生は、バラ色にはならない。なる人もいようが、そんな人達はごく少数で、稀に見る幸せ者といっていいだろう。大いに恵まれた幸運に感謝すればいいのだ。が、大抵の人は、花びらが一枚ずつ落ちてゆき、最期は枯れてゆかざるを得ない老後の下り坂の生活に入っていくことになる。

ゆっくりで長いスロープならまだいいが、急な崖に落ちるような坂では転落死の怖れもある。生涯現役を叫ぶのも悪くはないし、若々しさを保とうとアンチエイジングに励むのも悪いことではないが、そうは問屋が卸さない。思うに任せぬトラブルが次々に襲ってくるのだ。六〇代からの下り坂人生は、二〇代の新卒と同じ意欲はあったとしても、それと同じことはできない相談なのだ。

とはいえ、定年退職後こそ、第二の人生として、少しでも今までとは違った自分本来の人生を取り戻したいという気持ちが出てきたとしても、何ら不思議ではない。何のためにこれまで苦労してきたのかと。

そんな人生の後半生について五つの小品ながら、様々なる人生模様を垣間見せてくれたのが村上龍の『五五歳からのハローライフ』なのである。勿論、失望ばかりではない。生きるヒント・これからの人生への考え方を示唆してくれてもいる。


第一話は「結婚相談所」。

最近の婚活では、中高年の結婚相談も増え、こういった商売も繁盛しているようだ。入会金に毎月の会費、他に婚活パーティーなどがあれば、その会費とでバカにならない金額であることは確かだが。

主人公の中米志津子は相手の男性の希望する項にチェックをいれるのに迷っていると、相談員は次のようなことを語ってくれた。

「いろいろな方がいらっしゃるんですよ。年金だけで暮して生活が不安だという人もいらっしゃいますし、年収二億で、びっくりするような財産をお持ちで、海外国内合わせて別荘をいくつも、というような方もいらっしゃいます。ただ……人生に満足している方は、ここにはいらっしゃいません。こんなご時世ですから、みなさんどこか不安に思い、誰かと人生を分かち合いたい、いっしょにいい時間を過ごしたい、きれいな風景をともに眺めてみたい、誰かに話を聞いてもらいたい、話したい、みなさん、そんなことを考えていらっしゃいます」と。

これが、相談員としては精一杯のところだろう。これだけ話してくれる会社はそう多くはないはずで、もっといい加減な相談所は多い。それより、同僚のオヤマさんの言葉の方が本質を突いていると思った。

「ナカゴメさん、言っちゃ悪いけど、金があってしかも性格的にまともな男はとっくに誰かといっしょになってるんじゃないの」と。

中米志津子は、自分を振り返り、そうかも知れないと思った。

定年退職後に再就職に失敗し、愚痴と文句に明け暮れている夫に嫌気がさして、五四歳で離婚。派遣社員となってマネキンの仕事で食いつないでいる。僅かな慰謝料も使い果たして、残りは少ない。高卒の夫よりましな男性をと思ってみたものの、自分のプロフィールを書いてみると、高望みは無理な気もしてきたのだが……。

見合いを何度か重ねるも、お目当ての人には巡り会えない。登録している男性とのマッチングから写真やプロフィールを見ても、その中から本当に会ってみたくなる人は僅かで、実際に食事をしてみると、セックスのことばかりの男、加齢臭がきつくてケチなだけのおっさん、自分の経営している町工場での働き手としか考えていないような男。つまり、選んだ男達でさえ会ってみれば、ろくなのがいないことに気づく。マネキン同志のお喋りの中でのこんな話があったことを思い出す。

「だいたい、結婚相談所に集まってくる男にろくなのがいないって、わかりそうなもんなのにね」そうなのであった。今更ながらに実感しても、仕方がないのに……。

改めて、何で結婚相談所に申し込んだのだろうと思った。マネキンの仕事に行き、韓流ドラマを見て、紅茶を飲んでいるうちに、あっという間に一年が経ってしまう。焦りを感じるようなことはないが、少しだけ変化がほしいと思ったのは確かだ。何らかの変化がほしい。今までの自分とは違う自分を確かめてみたいと思ったのだ。

それから何ケ月も過ぎた頃、パーティー会場のホテルのロビーで偶然に出会った若い男との一夜があり、別れた夫との再会……ビルの清掃や道路工事、梱包の軽作業をしているという懸命の弁明を聞いたりした。が、結局一人で生きていこうと決意する。

「人生でもっとも恐ろしいのは、後悔とともに生きることだ。孤独ではない」と。

第二話は「空を飛ぶ夢をもう一度」。

誰しも夢を見るものだが、それを書き留めておくようなことはしないので、すぐに忘れてしまう。大概が、恐かったり、不気味であったり、不可思議なのが多くて、余り楽しい夢というのは見ないものだ。

主人公の因藤茂雄も、体調が思わしくなく、よく夢を見る。小さな出版社をリストラされたのだが、再就職先が見つからず、ビルの清掃や駐車場の管理や軽作業などでやっと食いつないでいるためかもしれない。

潰れそうな会社からの僅かな退職金に二〇〇万ほどの預貯金では、いつホームレスになるかが不安で、ともかく働くしかなかった。ホームレスに転落していくのは早い。まず仕事を失い、次ぎに健康を失い、生活困窮で夫婦仲が悪くなり家族を失い、最期に住居を失うらしいのだ。

その因藤が住宅街で交通作業員の仕事をしているときに、中学時代の友人・福田貞夫に会った。それは偶然なのか意図的であったのか、ニット帽を被った黒ずくめの外套を着て異臭を漂わせ、咳き込んでいる様は、健康そうには見えなかった。

近くの豪邸が自分の家で、寄っていかないかと誘われたが、表札も異なり、明らかに福田の家ではないことはすぐにわかった。

それから一ヵ月を過ぎた頃に、山谷の旅館から、家賃滞納で病気の浮浪者を何とかしたいという電話があった。山谷一帯は思っていたほどではなかったが、ホームレスの溜り場と化したところは何かを煮詰めた発酵するような異臭が漂っていた。

行ってみると、三畳間で横に伏して息苦しそうにしている福田の姿があった。福田からの頼みはいったん断った代わりに、一緒に実家の母親のところに何としてでも連れて行くことにした。唯一残った祖母の形見の指輪であればこそ、福田自身から母親に渡すべきだとの怒りにも似た思いが因藤にはあった。それは、政府や社会への怒りではなく、何か大切なものを放棄しないための怒りであった。

しかし、ぜーぜーと喘ぎ、嘔吐しながらの福田は重病人で、因藤も福田を抱きかかえてタクシーからバスへと乗り継ぐなかで限界に達した。意識を失った福田をどうすることもできず、救急車を呼ばざるを得なかった。が、幸い実家の近くだったので、母親を乗せて病院まで行くことができた。

その後、母親から、身内だけの葬儀を済ませたとの手紙を受け取った。その中に「おれは素晴らしい友人に恵まれた、生きた甲斐があった」と書かれた一文は、因藤にとってのラブレターであった。

「生きてさえいれば、またいつか、空を飛ぶ夢を見られるかも知れない。福田、救われたのは、おれのほうだよ」と呟いた因藤であった。

第三話は「キャンピングカー」。

今度の熊本地震では、益城町をはじめ多くの地域で家屋の倒壊が目立った。阪神淡路、東日本に続く大震災は、今更ながら日本が地震列島であるとの感を強くした。

ところで、住民が避難した体育館や公民館でさえ、安全の確保ができずに、何度も移動を余儀なくされたり、段ボール等による仕切りが届かずにプライバシーが確保できないこともあったりしてか、マイカーの中で寝泊まりする家族が多くいたことも、今回の特徴であった。それも一ヵ月以上にもなれば、エコノミー症候群で悩まされることにならざるを得ない。

そこで、いつ何どき起こるか分からないにしろ、キャンピングカーがあれば、そういった悩みからは解放されることになる。普通の乗用車での寝泊まりには限度がある。そこへいけば、キャンピングカーは快適である。まず、ぐっすりと眠れるベッドが付いているし、トイレ、シャワーなどプライバシーも確保されるから、体調を崩すこともない。仮設住宅もすぐというわけにはいかないから、中古でもいいから、キャンピングカーは欲しい。危機管理の面からは勿論だが、普段からあればレジャーの楽しみは格段と拡がるし、定年退職後こそ、これからの人生を自由気ままに、思う存分に巡ってみたいという気にもなる。

主人公の富裕太郎は、もっぱら奥さんと二人で日本中を旅してみたいという夢を持っていたようなのだ。クルマの購入費も早期退職の特別加算金で何とかなりそうであったが、家族の賛成は得られなかった。妻は経済的なことと（旅行で）自分の時間が取られることをあげたが、娘の言葉は痛かった。

「だいたい、一年中旅行するなんて、できるわけがないし、お母さんの都合だってあるし、旅行なんてたまに行くからいいんで、年中だったら飽きるよ。それに再就職すれば、家計も助かるじゃないの」と。確かに、年中旅行しているわけにもいかないとも思った。

そこで、前の会社で懇意にしていた社長に電話をしたが、にべもなく断られた。それから数社に当たったものの、全く相手にされず、こんなにも中高年の再就職が厳しいものかと実感せざるを得なかった。不景気で右肩下がりの時代、新卒者も採っていない中小零細企業が退職者を採用するわけがなかった。

富裕は、仕方なく人材派遣会社に当たってみた。久しぶりのネクタイに爽快な気分になったが、三〇代のキャリアカウンセラーは苦労して書いた職務経歴書を横目でみつつ、資格や外国語、ＰＣについて矢継ぎ早に質問し、最後に「何がしたいのか、何ができるのか、どんな夢を持っているのか」を自分史に書いて次回に提出せよというのだ。

一緒の席になった六〇代の男も、人材派遣会社はもう四社目で、まともな仕事は紹介してもらえなかったと漏らしていた。この歳で夢を語って、どうするというのか？　ただ、今までの経験を生かせるような仕事がしたいだけなのだが……。

結局、三ヶ月待っても、富裕のところには何の連絡もなく、仕方がないのでハローワークに行ってみた。求人の職種、勤務地（関東近県まで）や希望月収（一二万まで）などを低目に落としてやっと数件ヒットしたが、群馬の五人の印刷会社と栃木の手作り家具の店で、とても通えるわけもなく、寮はあったものの二段ベッドの雑居房だった。あとは、ビルの管理人、冷凍倉庫での食品の仕分けと梱包、ビルや公園の清掃くらいであった。

「三五年間積み上げてきた営業の『信頼』こそが財産」などという自己PRなど、単純な属性で判断されれば、何の取り柄もないことになってしまう。数値で評価される資格や免許があれば別だが、かつて勤めていたメーカーの組織を剥がされたら、ただの五八才の営業職のおっさんで、ブランドものの高価なネクタイも何の役にも立たなかったのだ。

それから富裕は、うつに近い状態になり、無為に日々を過ごす。心療内科へも通い、やっとベランダへ出て外の空気を吸うことができるようになった。久々にドイツ製のミルにブルマンの豆でコーヒーを淹れてみようと、お湯を涌かすために起ち上がった。もう一度、キャンピングカーでの生活を夢見て……。

第四話は「ペットロス」。

ペットを飼っているときは何も考えることもないが、死に立ち会うと、愛情が深ければ深かっただけ悲しみは大きい。たかが、犬ではないのだ。

主人公の高巻淑子の場合もそうだった。息子が結婚してベトナムの現地勤務になったことで、寂しくなり柴犬のボビーを飼い始めたのだ。無口で趣味もない夫との二人暮しにボビーは色を添えてくれた。家から一〇分ほどのところにある公園は愛犬家のたまり場であり、特に小型犬を連れてくる人が多かった。公園に集まる人はリタイアした年配の人や商店主などに限られていたが、自由業のヨシダさんはドーベルマンのサリーを連れていたこともあってか特別な存在で、皆に好かれていた。ヨシダさんとの出会いから、ボビーが縁でいろいろな人と知り合うこともできた。

ヨシダさんは、奥さんを乳癌で亡くしたことで、子どもたちからサリーをプレゼントされたそうだ。犬が名前を呼ばれて、飼い主のところにくるのは、必ずいいことがあるからだという……そんな話だけではなく、外国や映画、音楽のことも博識でヨシダさんは魅力があった。

ボビーがサリーに慣れるのには一年近くかかったが、雨の日には、他の人が余り来ないので、かえってヨシダさんとゆっくり会うことができる楽しみもあった。

「犬って、ぼくたちを慰めようなんて思ってないですよね。いやなことはやらないし、基本的に好きに生きているのに、どうして、これほど癒やされるんですかね」とヨシダさん。

「ほんと、不思議です」と淑子は答えたが、それは信頼だと思った。涙を流せば、ボビーはなめてくれるが、悲しんでなめるのではなく、本能的に飼い主の異変を察して、優しくしてくれるのだ。

そんなボビーに異変が起きた。呼吸が苦しそうだから、医者に診てもらった方がいいとヨシダさんに言われながら、数ヶ月が過ぎ、ボビーは歩いている途中で座り込んでしまった。動物病院へ行くと、心臓弁膜症だという。肺に水が溜まって、既にチアノーゼの症状も出ていると。利尿剤と血管拡張剤をもらって、うちひしがれた思いで、家に帰ってきた。が、夫は明日死ぬともしれぬボビーに「毛が落ちるからベランダへ出せ。たかが、犬じゃないか」と。それからは窓のない三畳間にボビーと一緒に寝ることにした。公園へは一週間以上もう行っていない。

「あんな部屋にいたら、お前まで病気になる。ボビーを箱の上に寝かせて、お前はソファに寝るんだ」と夫。しかも、お粥を作ってくれた。おにぎりとカップ麺だけの身体にはありがたかったが、どうした風の吹きまわしか。リビングで過ごすようになって夫との会話も徐々に戻ってきた。

ボビーは、やがて食事もとれなくなり、水を含んだスポンジを口に当てても反応できなくなった。それから呼吸はさらに苦しくなり、意識を失ったが、名前を呼ぶと我に返ったように顔を上げて、目を開けた。淑子は、切なく複雑な思いにとらわれた。生きものとは、こんなに弱り切っても命をつなぐことができるのだという感動と、こんなに苦しいのなら永遠の眠りにつく方が楽になるではないかという思いが交錯した。

一年が終わる頃、ボビーは骨と皮だけになり、埋葬することになった。あの夫から、ブログに載せたA四の紙を手渡された。そこには、

「人間でも犬でも、息も絶え絶えになってからでも、死の間際にでも、他の人に勇気と感動を与えることができるのだと実感した。ボビーは生きようという姿勢だけで、いや存在するだけで、私たちに力を与えてくれた」と記されていた。


第五話は「トラベルヘルパー」。

定年退職者のツアコン（ツアー・コンダクター）が結構流行っているのだそうだ。商社勤めの営業マンなどは、引っ張りだこで、英語以外の外国語も話せれば尚更らしい。もっとも、月の半数は国外での添乗なので、見聞も広められるが、神経も使うし、体力勝負のところもあって、楽ではないとのこと。

主人公の下総源一は、高卒以降、中長距離のトラックドライバーとして勤めてきた。六〇歳でクビを切られ、六三歳の今は失業中で木造モルタルのボロアパートに住んでいる。貯金はスズメの涙ほどしか残っておらず、正社員ではなかったので、年金はないに等しい。結婚もしたが、すぐに別れたので子どももいない。

しかし、七〇～八〇年は五〇〇〇万以上の年収があった。酒と女とギャンブル（パチンコ

や競艇）に浪費したが、物を運ぶ仕事（物流）には、自由度とやり甲斐もあって、充実した日々であった。バブル崩壊後の今では、過当競争で給料は下がり、勤務時間だけが増えて荷の積み卸しまでやる過重労働が普通になっている。だから、いい時代に働き、いいときに去ったと思う。あと少し、貯金とかに励んでいれば、こんなみじめな生活にならないですんだのにと思うことがあるが、後の祭り。自業自得だ。

そんな源一に、転機とも思える出来事があった。古本屋で清張の文庫を探している時に五〇そこそこの清楚な女性と目があった。偶然とはいえ挨拶を交わし、声をかけることまで出来たのだ。水商売の女以外と、まともに付き合いをしたこともない源一は久しぶりに胸がときめいた。はかない希望とは分かっても、希望のようなものが涌いてくるのが分かった。まったく冴えない六〇男にも、希望は必要だ。あんないい女がおれに好感をを持つなど普通なら有り得ない話だが……。

その後、ファミレスで二週に一度くらいの間隔で会った。ランチやディナーもともにした。人生の転機から希望に変りつつあった後、異変が起こった。一〇回目のデートの時に「会うのをやめにする。事情は察してもらいたい」というものだった。詳しく聞くと、夫の借金とかで人様にいえるようなものではないとのこと。

しかし、源一にとっては諦めることはできなかった。古書店主に住所を聞き、アパートに行ってみた。彼女は車椅子の夫とおぼしき人を押していて……見てはいけないものを見たような気がした。と同時に花束とケーキを持って会いに来た自分を恥ずかしく思った。いったんは、いい夢と諦めたが、一目会いたい衝動にかられ、勇気を出して窓ガラスを指でたたいた。すると彼女は「何ですか、どうしたんですか、警察を呼びますよ」とすごい形相になった。源一は、はじめて死にたいと思った。希望はもうどこにも残っていなかった。

源一は、幼少時に祖母に育てられた三重県志摩の和具にいた。昔と変らない美しい景色に幼児の頃の自分に戻ったような気がした。おれの人生、それほど悪くもなかった……。

そのとき三台のワゴン車から車椅子に乗った人が現われた。彼女の夫もいるのかと思って見ていると……介護旅行の者でトラベルヘルパーですと。源一は、これなら、おれにできるかもしれないと……。


ここに取り上げられた五つのストーリーは、日本の一般大衆の極々普通の姿である。隣家のおじさんの日常であり、近所のおばさんの普段の様子が写し取られている。特別に出世したわけでもないが、大過なく人生の三分の二ほどを終えた人達。不満もないでもないが、まあまあの人生だったとして、これから後半の人生に入って行くのだ。そのとき、ふと立ち止まって考える。さて、これからどうしていくべきかと。生活への不安もあるが、このまま朽ち果てるのを待つだけの人生ではつまらない。やり甲斐とまで言わずとも、これまでにはない別の人生に一歩を踏み出したい、という気持ちもないでもない。

これからの人生には、夢と希望こそが必要なのだ。他人には言えないような夢でもいい。秘めたる思いが、あれば頑張れるというものだ。

幸福は金では買えないのは事実。だが、一攫千金、宝くじで一億でも当たれば、新たな人生が始まることは間違いない。ボロアパートに住むしょぼくれたおっさんが、スポーツカーに乗って颯爽と……という形は何とも羨ましいし、そんな映画の主人公のような生活が現実にあって欲しいという願いはある。が、現実はそう甘くはないし、惨めなおっさんは、日々の糧をコンビニのゴミ箱から廃棄弁当を漁るようなホームレスに転落してしまうシナリオの方にリアリティーがある。

しかし、そんな現実に抗ってこその人生ではないか。だから、儚い夢を見て宝くじ売り場に人々が行列を作るのだ。人間にはいくつになっても、夢と希望は必要なのだ。そして、マサカという坂が現われることもあるのだ。それは、運であり、努力であろう。何もしなければ新たな人生は始まらない。「犬も歩けば棒に当たる」は真実なのである。パートやバイトに出るのも悪くはない。一生こんな人生で終わってたまるか！　の気概こそ持ってさえいれば……。輝かしい未来がないとも限らないのだ。

失敗結構、失うモノは何もないのだから。今日からチャレンジしようではないか。

終われない人・定年退職した男の生き方

……内舘牧子『終わった人』（講談社）……

六〇歳近辺で定年退職した男達には、何となくもやもやしたものがあるようである。それは、まだ現役でバリバリと働ける（つもりである）のに、会社からは無用の人として放り出されてしまうことへの恨みとでもいおうか。

かつて我が父親を観てもそうだったし、今自分が、この立場になってみれば、その感は一層強い。退職後の一、二年間は急に暇を持て余してしまい、居ても立っても居られない状況である。とはいえ、もう誰からもお声はかからない。いや、再雇用という道は用意されてはいる。年金支給が六五歳までに延長されたのだから無理もない。若いヤツらが内心邪魔にしていることを感じながら、何の責任もないコピーや書類整理をする。給料も僅か。それでも良しとするなら何の問題もない。が、そうもいかないのが男達の心境なのであろう。

退職した日から数日、いや数ヶ月はまだ会社との縁も少しは残るが、半年も経たないうちに全くの無用の人となり、孤独に陥るのだ。現役中に、憧れたはずの自由の日々も次第にすることもなくなり、戸惑い、途方に暮れるようにさえなりかねないのだ。

この小説の主人公・田代壮介もそんな退職後の人生を持て余していた。何しろ、大手銀行の子会社の専務として六三歳で定年を迎えた。最後の日は花束やテープ、クラッカーの祝福を受け、黒塗りのハイヤーで会社を去ったのだが、悔いが残っていた。田代は「俺は定年の日だけではなく、毎朝夕、黒塗りで送迎されるべき人間だった」との思いが捨てられないまま定年の日を迎えたのだ。

それもそのはず、こんなハズではなかったのだ。彼は東大法学部を卒業、日本を代表するメガバンクに入行、三九歳で最年少の支店長に抜擢、四三歳で業務開発部長になり順調に出世街道を歩んできたハズであった。が、人生にはマサカという坂がある。組織には、本人の実力や貢献度、人格見識とは別の力が働くところがある。これは、サラリーマンなら誰しも厭というほどに経験したに違いない。人事は必ず常におかしな力学によって行なわれるのである。

田代も四九歳のある日、子会社への出向を命じられたのだ。それでも、めげずに一、二年で本部に戻るつもりで必死に業績を上げたのだが、五一歳の時「転籍」(親会社を退職し、子会社の社員になる)を命じられた。これで本部に戻る可能性はゼロになり、社員三〇人の雑居ビルの子会社で会社人生を終わらせるのだと考えた時、俺は「終わった人」なのだと、頭は冷たくなった。

とはいえ、取締役総務部長での転籍は、年俸で一三〇〇万円を保証されるというのだ。

本人もこんな条件のいい再就職先がないことは分かってはいたのだが、東大法学部を出て努力に努力を重ねエリート街道を歩んできたつもりであっただけに、結果は大差がないではないかと。だが、そうとも言えまい。殆どの会社員は、そこまでさえ行かない。メガバンクに入ることさえ困難だし、入っても課長止まりで終わるのが一般的だ。子会社に出向しても年俸五〇〇万円もあれば大いに満足せねばならない。多くの中小零細企業のサラリーマンの殆どは年収三〇〇万円前後というのが現状なのだから。

着地点に至る迄の人生は、学歴や資質や数々の運などに影響され、格差や損得があろうが、「終わった人」になると「横一列」、同じであると作者は言う。が、そうではないのだ。

「終わった人」になっても、同一ではないのが現状なのだ。

それでも、退職の日には「おめでとう」「長いことご苦労様でした」と言われ、鯛やらローストビーフの豪華な食事にシャンパンやワインでのホームパーティになったのだが、心は「家族を守っただけ」の小物感しかなかった。

「どんな仕事でも若いヤツらが取ってかわる。「生涯現役」はあり得ない。あがくより、上手に枯れる方がずっとカッコいい。これからは時間の流れ方が違ってきて面白い。会社員時代と違う価値観で時間をみればいい」との忠告には納得もさせられたのだが……。

退職初日、今日から仕事のために出勤しなくてもいいという解放感。誰しも最初はこの喜びに浸るのだが……。

「温泉に行くか、レンタカーで平泉や秋田の角館まで足を伸ばすのはどうか」と妻に提案しても「そんな長い旅行にはつきあえない」と。無理もない。妻はヘアメイクの専門学校に通い、今はヘアサロンで生き生き働いているのだ。

退職して一ヵ月、何が不幸かといって本当にやることがない日々であることだ。

「やることに追われる日々から解放されたい」と言うヤツらの言葉の裏には、自分の今の日々が充実して、面白くてたまらないということがあると。本人もそれをわかっているから、言ってみたいのだが、「残る桜も散る桜」なのだと自らに言い聞かせる。

俺（田代）は生活を規則正しく律してきた。仕事がなくなった今、実はいくらでも好きに暮らせる。が、昼まで寝ていたり、陽の高いうちから酒を飲んでテレビのスポーツ中継を見ていると気持ちが荒む。だから、やることがなくても、歩数計をつけての散歩もしないし、ジジババが集まる場所（と勝手に思い込んでいる）図書館やカルチャースクールにも行かない。時間潰しの外出も映画を観るくらいだし、ゴルフも面白いと思ったこともなければ、親しい友達もいないし欲しいと思ったこともないと。仕事だけが生き甲斐だったのだ。ナイナイづくし、あるのは時間だけという老人には恋も関係ない。スポーツジムに申し込んでは見たものの見かけるのはリタイアした人間、ジジババのたまり場だった。

この辺は人によって随分異なるだろうが、よく分かる。見栄を張らないで生きる、今までの人生とは別の人生がやってきたと思えばいいのだが……、そうは簡単にはいかない。一つだけ残った選考委員の仕事も役職がなくなったのを理由に、唯一の生き甲斐もお断りとなる。

そこで、シルバー人材センターに登録、どんな仕事でもと思ってハローワークに行く。思ったよりも仕事はあった。雑居ビルにある山下メディカルという会社では経理事務の仕事で月収は一八～二二万円とあった。しかし東大法学部は困るという。自慢の輝ける標(しるべ)は年を取った時、マイナスに作用したのだ。二流私大くらいが適当だったのか。高齢で特技もないのに仕事をしたいといっても、適職は見つからないのだ。要は何か手応えのある相応の仕事がしたいのだが、そうは問屋が卸さないのが現実なのだ。

そこで思い立ったのが、大学院へ進学して勉強をし直すこと。これで再来春まで勉強するという目標が出来、目の前が開けたのだが。誰しも具体的な目標が欲しい。何もないと、漫然と日々を無為に送りかねない。短歌や俳句、囲碁や将棋など一人でも遊べる趣味はあった方がいいのだが、そうもいかない。パチンコもいいが、毎日だと金がかかる。

閑話休題。

筆者の場合は（金も掛らず愉しめる）読書や映画を中心にした気ままな生活だが、ちょっと大袈裟に言えば執筆活動と言えなくもない。読書も読んで読みっぱなしにするような「消極的読書」はせず、読んで心躍る本、考えさせられた本は文章にして「書評」にする積極的・生産的な「快楽的読書」とでも言えようか。

新聞や雑誌、同人誌に掲載されることもあれば、興味惹かれる公募に挑戦することもある。自由で気ままなフリーライターである。「好きでこそ読書」こそ、定年後の理想型なのではなかろうかと思うのだが……。

筆者の友人（先輩）には「攻撃的読書」で、定年後に一から始めて一流の学者になった猛者もいる。しかも、今では大学で教授職に就き研究的生活を送っているのだ。とまれ、研究を職業とせずともシニアライフは贅沢な時間に恵まれた読書計画が立てられる、この上もなく愉しいものではなかろうか。「老いてこそ読書」なのではなかろうかと思いたいのだが、如何であろうか。

この後、田代に転機が訪れる。カルチャースクールで出会った浜田久里という女性のスタッフとスポーツジムで知り合ったベンチャーの社長の鈴木という男性。ここから平々凡々、鬱屈たる思いの定年退職者に思ってもみない展開（マサカという坂）が再び起こり始めるのだが……。

はっきり言って、ここから先は、余りに冗長で飽きてしまうのだ。

通常ではあり得ない事柄、奇跡に近いストーリーでは、とても読むに耐えられないし、現実味もない。これほどリアリティーからかけ離れていては、かったるい。

好条件の経営顧問（週三日で顧問料年俸八〇〇万円）への就任依頼があり、その後には会社の社長も任されて意気に感じて日々に生き甲斐を見出していく。他人に必要とされて働けることが何よりだったのだ。が、それも束の間、一年余後には四苦八苦する羽目に陥る。当然の成り行きとは思いつつも、個人保証までをする経営者(元銀行マン)がいようか。

女性との関係の夢物語の展開も、東京ならではと思われないこともないではないが、疑問符がついてしまう。勝手にシンドバッドしてくれと。

多くの読者評の違和感は、まず東大卒という学歴に職歴、加えて資産額（保有資産一億三〇〇〇万円）にある。億の金を持ってる輩はそうはいまい。失敗して（一五〇〇万円に目減りしても)やはりエリート中のエリートで羨ましい限りの人生には嫉妬しかない。企業年金に厚生年金で年間五〇〇万円というのも恵まれ過ぎている。安サラリーマンには、ちょっと、考えられない年金額で贅沢な数字でさえある。


ところで「卒婚」という形態の夫婦関係は、新しいのだろうか。故郷へ帰る単身赴任は、希望に満ちているかのようだが、たまに故郷に帰れば色々と面倒を見てくれ、誘ってくれた仲間も実際に地元の人間として暮らすようになれば、そんなに世間は甘くはなかろうとも思われるのだが。この小説では、一縷の希望にかけて第二（いや第三?）の人生に向かうハッピーエンドで終わっている。

さて、このストーリーには出てこないが、定年後に急速に誰しも襲われる確率が高くなるのがガンをはじめとする病気である。これこそは「横一列」、同じである。着地点で遅かれ早かれ同一になるのは、悲しいかなこれしかない。着地点での格差は病を得て初めて「同病相憐む」の心境になり得るのだ。早期発見でも手遅れであっても、あの世に行くのにさしたる差はないのである。

「散る桜、残る桜も散る桜」なのだ。

最近のヒトラー映画への一考察

ヒトラーほど書籍や映画、演劇、劇画の対象として格好の材料を提供してくれた人物も少なくない。戦後七〇年を経過しても、彼に関する著作物が引きも切らずに出ていることは、その関心の高さが窺われる証拠でもあろう。

また、その多くが選民思想をもった独裁者であり、オカルティックな虐殺者、冷酷・無残な暴君といったイメージに彩られているにも関わらずである。これも、第二次世界大戦の悲劇に思いを致せば無理はないのだが……。

しかし、ただ、それだけの存在であるのなら、多くの学者や戦争史家、作家やマニアの研究対象にはならなかったはずである。その反ボルシェビキの思想や混迷した国家ドイツを再生、国民を熱狂にまで導いたカリスマ性、加えてSF的未来学的な先鋭科学の先見性など、尋常ならざる才に超人願望があったればこそ、畏怖の念さえ抱かざるを得ないもので、そこが研究の尽き果てぬ材料ともなっているようだ。

ところで、二〇一五年公開の映画「ヒトラー暗殺、一三分の誤算」や二〇一六年公開の「帰ってきたヒトラー」のようなパロディ映画も、戦後七〇年の今だからこそ客観的かつ批判的にナチス・ドイツやヒトラーを検証、描出してみようという気運の高まりによるものといえよう。

ヒトラーそのものを取り上げた映画としては、古くは同時代のチャップリンの「独裁者」に見られるようなパロディ化したものもあったし、リーフェンシュタール監督の記録映画「信念の勝利」「遺志の勝利」のようなドキュメンタリータッチのPR映画もあった。第二次大戦中から、欧米諸国では、諸々のヒトラー映画が製作されてきたことは、それだけナチスの蛮行・犯罪が問題視されてきたともいえる。

それは国外はもとより独裁体制下のドイツ国内だけからも、レジスタンスの運動が起こった。中でも有名なものとしては、シュタウフェンベルク大佐によるワルキューレ作戦（一九四四年七月二〇日のクーデター未遂事件）があり、ショル兄妹による白バラ通信の運動もあって、これらは映画やテレビのドキュメンタリーなどでも繰り返し放映されてもきた。

実際、四〇回以上もの暗殺が企てられたにもかかわらず、それらが全て未遂や失敗に終わっていることを考えると、厳重な警戒態勢に加え、ヒトラーの用心深さ（行動予定の頻繁な変更、演説の予定時間の短縮等）にもまして、強運とだけでは言い切れない神がかり的な行動が見て取れるのである。この災難を逃れたことについて、ヒトラーは「使命を遂行するための神の摂理である」と宣ったらしいが。

二一世紀になって、そんなヒトラーを、官邸地下壕で過ごした最期に焦点を当てて描いたのが、オリバー・ヒルシュピーゲル監督の「ヒトラー最期の一二日間」(二〇〇四年)であった。ベルリン陥落が間近に迫る中でもまだ起死回生の策があると考え、次第には狂気と錯乱状態に陥っていく姿を秘書ユンゲの目から正確に描出したものである。

地下要塞の中での周辺の人物(ヒトラーの愛人エバ・ブラウン、軍需相シュペーア、SSの全国指導者ヒムラー、宣伝大臣ゲッペルスなど)の行動とソ連軍により地獄と化しつつあるベルリン市内での対比も、迫力ある映像で落日を迎えつつある第三帝国の崩壊を見事に描き出していた。まさしく国民が熱狂したカリスマの最期の正体を描出するのに成功したことは間違いない。が、これはあくまで、指導者、幹部とヒトラーのナチス・ドイツを描いたものにすぎない。

また、「わが教え子、ヒトラー」(二〇〇七年)では、心を病んだヒトラーにユダヤ人俳優が演説指導をするというコメディータッチの映画で、ストーリーにもバカらしさはあるのだが、そこにつけ込む周辺人物(ボルマン、シュペーア、ゲッペルス、ヒムラーなどの幹部ら)の滑稽な行動のなかに、歴史の悲喜劇を見て取ることもできる。戦争中に、こんな場面があったであろうことも考えられない分けでもないのだ。

監督としてはヒトラーの脱神話化のエピソードとして狙ったらしいのだが、本国では、同情的で人間味溢れる扱いなどおかしいといった批判が起こったというが、無理からぬところであろうし、コメディー映画としても笑えるところはなく、やはり及第点には達してはいないように思われる。が、これもまたナチス・ドイツの一面を取り上げていることは確かではある。

それに引き替え「ヒトラー暗殺、一三分の誤算」（二〇一五年）は、極めてシリアスな映画であった。ドイツ人が（脚本・監督・製作等まで）全てにかかわったことが伝わってくるいかにもドイツらしい、ハードでコアな映画といえなくもない。しんどいというか何ともやりきれない映像は、観たものに嫌悪感さえもよおさざるをえないのは事実で、本国のドイツ人でさえ（自らの国家・国民の過去に目を向ければ致し方ないにしろ）見るに耐えられないと漏らしたらしい。となれば、日本人にとっては尚更であろう。

後味の悪さは、英米のハッピーエンドに終わるような、大スペクタクルの戦争映画に見慣れたからであろうかと思われないでもないが、観た後の映画の面白さのような醍醐味感は全くない。とはいえ、そういった感覚と、全くかけ離れていることは、つまり映像化する困難さを抱えた作品であることを意味し、それを敢えてオリバー・ヒルシュピーゲル監督が挑戦したことに意味を見出すのである。

映像的にみても、モンタージュの技法が巧く使われ、冒頭のヒトラーが演説するビアホールでの場面（ロングショット）から入るカットバックは有効で、この爆発の場面からストーリーが展開されてゆく仕掛けは巧妙であって惹きつけられる。だが、爆発はなされたのだが、ヒトラーが一三分早く演説を切り上げ会場を後にしたことで、これは失敗に終わり、代わりに会場にいた八人の市民が犠牲となってしまった。

当局にとっては、この爆破事件が、どこか外国（イギリス）の諜報機関の手先であったなら問題は単純であったのだが、ただ一介の家具・時計職人にすぎないゲオルグ・エルザーという男の犯行であることが、かえって謎をもたらした。

そこで目を蔽わんばかりの刑罰的尋問をされるのだが、（エルザーの過去がフラッシュバックされても）単独犯である以上の事実は出てこず。しかも、彼は軍関係者でもなければ、共産党員でもなく、大学で学問した活動家でもなかった。が、彼は、まさしく国家の行動に不適応を起していたのだ。周囲の多くが戦争に駆りたてられて行く（普通なら国家が戦争に突入していくとなれば当然、兵役に就き軍隊の下で行動する）のに際し、このままではと、居ても立っても居られないという苛立ち・恐怖心が、彼に「総統攻撃」という不適応を解消する（適応機制の一つである）行動を起さしめた。「自らも含め周囲の自由が無くなっていくことへの怖れ、理不尽さへの抗議」を具体的に行動に表わさずにはいられなかったのだ。

このエルザーの起した犯行は、ポーランド侵攻をし大戦の火蓋がきって落とされた間際の一九三九年一一月のことで、国家がヒトラーの元に一丸となって戦争に突入しようとし始めている最中に起こった。その点でも、戦局が悪化してからの数々のクーデターとは性質を異にしている。

とはいえ、こんなことを一人の男が企てるだけならまだしも、巧妙で精密な爆破装置を製作もし（作動実験もして）、それをビアホールの壁を打ち抜いてセットするように仕掛けるなどということが、果たして可能なのかどうかということは、誰しも疑わざるを得まい。黒幕なしに実行可能であったのか、ゲシュタポ局長や刑事警察局長らが疑るのは当然であろう。疑問符は確かに存在するのだ。だからこそか、エルザーはすぐに処刑されずに、ヒトラーが死ぬ直前まで収容所で生かし続けられた。

ドイツが勝利した暁にはイギリスの犯罪の象徴として断罪するつもりであったようなのだ。処刑後もドイツ政府はこの事実を隠蔽し続けたという事実もある。

とはいえ、この映画は、ただ深刻なだけではない。エルザーの行為は多くのことに示唆を与えてくれる。監督の言に寄れば、「西側諸国ではプライバシーが軽視され、管理体制が強化され、政治に対する関心も薄れてきはじめている。政治に目覚め、覚醒し続けなければいけない」と。むべなるかなである。惰性で流されていくと、そこにどんな運命が待ち構えているのかを、明確に示唆してくれたのである。

そして、そのヒトラーが現代に甦ったとしたら……という恐ろしくも楽しい実験に挑んだのが、D・ベンド監督の「帰ってきたヒトラー」（二〇一六年）である。一種のパロディー映画ではあるが、極めて実験的な作品でもあり興味惹かれる。問題作としてベストセラーにもなったT・ベルメッシュの原作（二〇一二年）に沿う形で、映画でも一人称での語りを多用し進行、ドキュメンタリータッチの記録映画的な側面も取り入れている。正に賛否両論を巻き起こす仕掛けが施されていて、見事であるといえよう。

二〇一四年、ベルリンの総統地下壕跡から甦ったヒトラーだが、ドイツの現状を認識すればするほど、がっかりし、何たる有様かと憤慨する。

物マネ芸人としてドイツ国中を廻りながら、自己の主張を繰り広げるうちに、あのヒトラーのそっくりさんは面白いと人気沸騰。やはり、大衆の心を掴む人間的魅力に溢れた天才であったのだと、誰しも認識せざるを得なくなる。が、次第にギャグやジョークと思っているうちに……、そしてはなからバカらしいと相手にせずにいた人達にも……、狂気と正気の世界の境界が分からなくなっていく。笑ってばかりいられずに、観ている者の気分は確かに悪くなる。社会的なメッセージには嫌悪感を抱いてもおかしくはない。

合法的手段によって、ワイマール体制を崩壊させ、ナチスは政権を掌握、ヒトラー総統が誕生した。それも、世界恐慌による混沌・混乱が国民に異を唱えさせなかったともいえるし、「全権委任法」に無関心であったことも大きい。確かに、以下のヒトラーの科白は真実ではあった。

「私を選んだのは普通の国民だ。選挙で優れた人間を選び、国家の運命を託したのだ」と。

これは、何やら現代の政治に示唆的でさえある。

イギリスのＥＵ離脱もアメリカの新大統領が過激発言のＤ・トランプになったのも、一票に託した国民の声の反映であった。国民の現状に対する不満と政治的無関心につけこみ、保護主義的な政治に各国が走って行くつく先は……、ネオナチの台頭をはじめ世界が急速に右旋回をし始めている動きなど心配にならざるを得ないことも確かではある。

この動き、どうも止められそうもないが、過去に学ばずば、未来はないといえよう。

日本史から迫る病気のなぜ？

……秦　郁彦『病気の日本近代史』（文藝春秋）……

国立ガン研究センターによると「今年のガンと診断される人は一〇万人増加！　ガン患者九八万人～死亡三七万人」と予測を発表、データ精度の向上と高齢化が増加につながったとのこと。（二〇一五年）

確かに、筆者の友人にもガン患者はいて、既にあの世に旅立った者も出始めてきたから、増加というのも実感としては頷ける。つい先日も、大腸癌で大手術、しかもそれが肺やリンパにも転移して、もはや抗ガン剤や放射線の段階ではないという友人と会った。が、その友人、モツ煮や焼き鳥を肴に生ビールを二杯、ウイスキーもロックで三杯、その後焼酎も三、四杯は飲んだ。

「とても、全身転移の癌患者には見えないだろう。体重も五キロも増えて七二キロもある」と本人も言っていたが、こちらより元気そうで、少しは安心した。とはいえ、今は完全に医者に見放されているから、漢方だけが頼りとのことであった。

ところで、先のガンセンター発表の新聞見出し、何とも妙である。それは以下の理由からだ。

日本の至る所が殆ど禁煙になり、喫煙者は迷惑人間のように扱われ、もはや「肩身の狭い」どころではなく、犯罪者のような扱いでさえある。

また、アンチエイジングの健康ブームで、運動（器具）や食事に関するテレビ番組の増加やフィットネスクラブやジムは地方の小都市にも及んでいる。加えて、トクホなどのサプリメントなどの健康食品の広告の多さは、一体どれを飲んだらいいのか分からないほどで、医薬・食品業界は笑いが止まらないらしい。一大成長産業を形成しているようでさえある。旧来のヨガや座禅、ダンスや体操なども多くの自治体で実施していて、正に「健康ブーム」は百花繚乱の如しでさえある。

実は筆者も定年退職になり、暇に任せて早速、朝夕に始めたのがウォーキングなのである。すると、近くの公園には、ジャージ姿の老若男女が何と多いことかと驚くばかり。犬などのペットを連れて散歩をしている老人も結構多く、団塊世代の多さを肌で感じた次第。これでは社会保障に金もかかるわけだと実感。とはいえ、そんな仲間のなかに筆者も入ったことになる。

それはさておき、定期の健康診断や人間ドックなど、早期発見、早期治療も殆どの役所、学校、企業、自治体等で推奨されて実施されている。とはいえ、検診率は正規職員でも退職すれば本人任せになるので、実際はなかなか検診率を上げるのは容易いことではないらしいようだが……。

また、最近では健康寿命ということが囁かれている。平均寿命が男女とも、八〇才を越え世界のトップクラスになってはいても、病院や施設などで寝たきり、植物人間に近いような状態ではあまり意味はないのも確かである。そこで、「ピンピンコロリ」(元気に生き抜き、病まずに死ぬ)であの世に逝けるようにと、PPK運動なるものさえあるらしい。一〇〇歳になっても健康で(病院の厄介にもならず)元気で、コロリと死ねれば理想だが、中々そうは問屋が卸さないのが、現実。思うに任せぬのがこの世の中なのだ。

とまれ、これだけ禁煙が徹底され、健康のための食品や運動に気を使い、早期に癌は発見され、日本の進んだ? 先進医療が行なわれているにかかわらず、二人に一人が癌になり、三人に一人が癌で死んでいくガン大国の時代となっているという不可思議さである。

欧米先進国では明らかに癌での死亡者は減ってきているという事実と考え合わせても(日本での癌患者とその死亡者の増加は)了解できるものではない。確かに、癌が老化現象の一つではあるので高齢化が進んだ日本では当然多いのかもしれないが、それにしても腑に落ちない。日本の医学・医療が進めば進むほど、癌患者は増加し、死んでいくという事実である。

さて、前置きが長くなりかけているが、この『病気の日本近代史』でも、第七章で「肺ガンとタバコ」を取り上げて、その因果関係の有無を詳述している。確かに、誰しも若干の疑問を持ちながらも大勢に流され、タバコはガンに影響があると思い込み、今では分煙という言葉も聞かれないほど、全面禁煙である。このことに関して、著者の秦氏は「動物実験などで「証拠」が固まらないうちに、疫学統計を根拠に嫌煙、分煙が叫ばれるような風潮が世界的に拡がったと指摘。歴史家らしく肺ガンの要因を史的に見ていく。

明治中期以降の内閣統計局の死因の分類では、肺ガンは出てこず、日本では全国的な統計もなく、一九三四年の論文で、肺ガン増加の誘因は舗装用の「タール」と自動車の「排気ガス」が挙げられているに止まっている。ところが、一九五〇年では肺ガン死は全ガンの八位だったが、一九七〇年になると二位に躍進するが、これは関心の向上や診断法の進歩による見かけ上の増加であると留保している。肺ガン死の統計で目立つのは増加率が他の部位に比べ異常に高い(全ガンは五・三倍だが肺ガンは六〇倍との)ことだが、促進因子は諸説様々であると。

もっとも、人生五〇年の戦前の日本では、肺ガン死は六五歳以上の高齢者であったので、日本にガンが少ないのは当然ともいえた。一九八七年の「たばこ白書」によれば、一位に「飲食品」(肉食、飲酒、肥満、運動不足)、二位に「喫煙」、三位は「職業性」、四位「アルコール」、五位「大気汚染」そして「遺伝子」「刺激説」「放射性物質」などをガンの要因として挙げている。

しかし、それが一変するのが八〇年代の後半から二一世紀にかけてで、「喫煙と肺ガンの因果関係が確立」、受動喫煙も含めて防止が義務づけられるまでに至った。が、それはあくまで疫学的推計のみで、肺ガン死と喫煙率は反比例しているという事実である。喫煙者は一九七〇年より下降カーブに入り、三九％まで低下（男女計だと二五％）。にもかかわらず、肺ガン死は増加、しかも、非喫煙者の比率が増えているというのだ。

それは、喫煙者と関係の深い「扁平上皮ガン」は減少、関係の低い「腺ガン」が増加しているという事実からも裏付けられる。現在の学界では、（喫煙は）主犯ではなく従犯とみなすのが大勢らしい。

にもかかわらず、喫煙の害が叫ばれるのは、平山雄のコホート調査によるもので、（海外での評価は疑問か異議の部類であったらしいが）それが、禁煙運動家らの間でもてはやされていき、勢い余って「ほとんどのガンはタバコが原因」とまで叫ぶようになったというから、恐ろしい。詳細の統計等は、本文に当たってもらうしかないが、喫煙についての疑問（間違い）が、はっきりと分かり、むべなるかなと納得できた。

ある医学書に寄れば、タバコを吸って野菜や果物を食べる人が最も肺ガンになりにくいのだそうだ。また、喫煙は認知症の予防に効果があるという実験結果も出ているそうなのである。

この本では、第一章で「黎明期の外科手術」を取り上げている。江戸期の華岡青州は麻酔術を研究、母や妻、最終的には自分をも実験台にして、外科の範囲を超え、他の分野にも及んだという革新的先進的な医術を研究した。

　それというのも、江戸期の日本の医学は和・漢・南蛮流の混りあった程度の我流で、試験も免許もない医者は誰でも開業できたのだから無理もない。玉石混交どころではなく、下手な治療で病気を重くしたらしい。現代では有り得ないような話だろうが？　……群馬大での腹腔鏡手術を受けた患者が皆死んでしまった例などを見ると、現代とて（先進・先端の医療に未熟な医者の実験台にされている現状では）安心はできず、医薬の進歩と医術の向上は必ずしも一致はしないような気もしないではない。

　それにしても、一九八〇年代以降は虫垂炎については、手術をしないのが主流なのだと。半世紀近く前に手術を受けた者にとっては寝耳に水のような話だが、かつては盲腸を切りまくっていた医師でも、現実では薬で散らすのが本流とのこと。かつては新参の外科医が執刀する最初がアッペ（虫垂炎）だというのだが、その大切な機会がなくなってしまったというのだから、皮肉といえば皮肉な話である。

　第二章「脚気論争と森鴎外」に始まり、第三章は「伝染病との戦い」、第四章は「結核との長期戦」、第五章は「戦病の大量死とマラリア」、第六章は「狂聖たちの列伝」となっていて、幕末から平成までの病気と医療を社会歴史的な観点から捉えた興味津々の項目内容となっている。一読三嘆の書であると、太鼓判を押そう。

安吾の戦国人物史観

〜信長・秀吉・家康の人間像の解明〜

…坂口安吾『二流の人』（角川文庫・他）…

安吾の歴史譚に特に惹かれるのは、他でもない独自の歴史探偵眼にもとづいた安吾史観とも呼ぶべき解釈があり、加えて戯作的文体によって、歴史上の人物が生き生きとリアリティー溢れるように描出されているからに他ならない。この座談の文体は、講談を聞いているようで飽きさせないばかりか、次々に独特の切り口の語りを聞きたくなる仕掛けがなされているようでさえある。

本項では、その生きた歴史人物像を安吾の語り口に従って極力多く引用しつつ、解説も適宜加えるつもりである。

ところで、（安吾の語りによる）講談とはいっても、江戸期から続く話芸でもなければ、立川文庫や新講談の書き手の吉川英治の大衆文学とも異なる。勿論、司馬遼太郎の歴史解釈とも異なっている。安吾は、徹底的に資料を蒐集し読み漁る。が、調べた事実は事実として頭の片隅に追いやって、読み取った真実から独自の鋭い解釈を展開させるのである。これが安吾流の謂わば人間学的歴史観なのである。人間は、いつの時代であろうと、次々に出てくる問題に直面、そこで決断、対処し、解決を見出してからでさえも、また悩み後悔もする。悩ましき存在である人間。

「狂人遺書」には秀吉の「あぁでもない、こうでもない」という晩年の逡巡が見て取れる。関白となっても「どうしたもんか？」と煩悶の日々。それは「信長」「家康」とても同じ。さらに、時代と立場とチャンスこそが家康に征夷大将軍を授けたといえると。たとえ戦国の世であろうが（家康が）一兵卒であったならば、臆病者で役に立たぬ男であったかもしれぬと安吾は指摘する。桶屋の倅や百姓の二男坊や足軽の家なぞに生まれたならば、きっと違った人生模様になっていることは間違いないのだと。むべなるかな。

そういえば、昨今のキャリアデザインの考えのなかにも、クロンボルツ教授のように「個人のキャリアの八割は意図しない偶然によって形成される」という理論を提唱するものもある。人は偶然の連続のなかで生きている。秀吉は百姓の生まれでありながら天下を取ったように、必ずしも生まれが人生を左右するものでもない。

この「計画された偶発性理論」によれば、出世のチャンスさえ狙っていれば、いつどんな機会から幸運の巡り合わせが回転し始めるか分からないのである。ヒトラーのように美学校の入学試験に落ちたことが、その後の人生を変え、政治に向かわせしめてしまったように、失敗という負の出来事（不運）さえも人生に変化・影響を与えてくれることが了解できる。美学校に入学していれば、（総統にはなり得ず）将来は美術教師として勤め最後は校長先生にでもなって定年を迎え大過なく人生を終えたのかもしれない。となれば、第二次世界大戦は起こっておらず、日本の大東亜戦争もなかったと……、これはいかにも考えすぎか。それにしても、人生とは複雑怪奇というほかはない。

さて、安吾が歴史に興味関心を持ち始めたのは昭和一五年、三五歳のときらしい。小田原に移り住んで、三好達治より切支丹文献を勧められてから歴史物（戦国時代から古代史に至る迄）に興味を持ったらしい。この「二流の人」は、安吾の歴史譚のなかでも群を抜いて面白い中篇といえる。なぜなら、これが根幹となって、「梟雄」（斎藤道三）や「信長」、「狂人遺書」（秀吉）や「家康」などが書かれることになったからだ。

今、目前に信長や秀吉、家康がいるかのように、講釈師・安吾が語ってくれているのだ。勿論、それは黒田官兵衛（如水）という、今一歩のところで一流になりそこねた策士を通しての戦国絵巻を見ることにはなるのだが。

平成二六年度のＮＨＫの大河ドラマも「軍師・官兵衛」を取り上げたが、久しぶりに大名格でもない参謀で、しかも出身が西国ということもあって、西日本の戦国時代がいかようなものであったか（戦乱、大名、軍師など）に興味を惹く仕掛けがなされていた。とかく、今まで多くの戦国の時代物は信長や秀吉、家康や大名格の信玄や謙信、伊達や北条など東国が中心に取り上げられることが多かったため、近畿以西の国々の動乱に関心がいったのも当然といえよう。

その官兵衛だが、西播磨の小豪族で御着城主の小寺政職に仕えていた。その小寺氏は、織田につくか毛利につくかで去就に迷っていた。時代を観る目が鋭かった官兵衛はすぐに織田につくことを決断、信長の先見性に命を賭けた。決断すれば行動は早い。秀吉に居城の姫路城を前進基地として提供、播磨の有力諸侯も調略して廻る。

持って生まれた雄弁が役に立つ。が、肝心の小寺政職は一旦は官兵衛の助言に従うも優柔不断で、家中の大勢の声に押されてしまうと変心してしまい、東播磨の別所長治、摂津の荒木村重が信長に反旗を翻すと織田ではなく毛利に就くことになってしまう。

しかし、こういった難局にも官兵衛は何とか一族郎党で対処し、秀吉との約束を守る。官兵衛の義理堅い性格は、主に対しては忠、臣節のためには死地に赴くようなところがあった。それが単身、有岡城に乗り込み、節義を守ることになった。たとえ土牢に入れられることになろうとも。

この命をはった一年余の長きに渡る幽閉中に、かさ頭（頭一面に白雲のような頑疾）とビッコ（片足が悪く）になったが、これがかえって存在感を大きくした。しかし音沙汰のない官兵衛に、信長は裏切ったと勘違いして、嫡男の松寿丸（長政）を処刑するように命じるも、盟友・竹中半兵衛は機転をきかして匿ってくれた。

半兵衛は知謀に優れた軍略家だが、頭が鋭すぎる織田にはつかず、自分の意見を取り入れてくれる秀吉についたのだ。官兵衛にその軍学や戦術、秀吉とのつきあい方まで指南した。が、官兵衛が出牢したときには既に死していた。それが尚更、官兵衛に生涯忘れ得ぬ感謝の念を抱かせた。共に「両兵衛」とも「二兵衛」とも称され秀吉の中国方面攻略に貢献したことはいうまでもない。

さて、中国征伐中に本能寺の変が起こり、秀吉が茫然、うなだれているところに膝を寄せ「天下はあなたの物です。使者が一日半で駆けつけたのは、まさに天の使者」とささやく。知将・小早川隆景に、（凡庸な）毛利輝元と異能の秀吉とを比べさせ、信長亡き後の天下を握るのは戦略家、政治家、外交家としても当代の風雲児・秀吉以外には有り得ないことを説き、輝元と和睦、（しかも毛利と浮田〈宇喜多〉から、旗だけは借りて）中国大返しを実現させてしまう。

武功があった官兵衛だが、もらった恩賞は三万石では割に合わぬはず。だが、半兵衛も同様。出過ぎると身を滅ぼすと。秀吉にすれば「家康は実力第一の人だが温和だ。が、黒田は分別のよいこと話のほか、狡知無類、行動は天下一品速力的で、心の許されぬ曲者だ」と。

これを聞いた官兵衛は引退を決意、家督を倅・長政に譲り、「如水」という初老の隠居ができた。小田原攻めの前年、如水四四歳のときであった。

・第一話　小田原にて

小田原の北条は、早雲に始まり、二代氏綱、三代氏康と勢力圏を広げてきたためもあってか、四代の氏政は関八州の将と自惚れ、家門を知って天下を知らぬ旧家であった。先の見通しが持てないばかりか妥協や引くことができない暗君で、秀吉に上洛を促されても、全く関白を相手とせず、沼田領を真田から還させた後も上洛をしなかった。

この北条の思い上がった態度に、堪忍袋の緒が切れた秀吉は北条征伐を決意する。これも、氏政には武田、上杉を籠城作戦で破った小田原城の実績が頭に残っていたからであろうし、さらに東北の伊達政宗の援軍を頼むところもあった。来るなら来い、絶対に秀吉の軍門には下らぬという頑なまでの思い。それが北条を滅亡に導くことになった。

秀吉は、小田原攻めをどうするかに悩んだ。織田信雄、家康は秀吉麾下ではあってもいつ寝返るかわからぬ不安があった。信雄も一人立ちができないがゆえに警戒した。如水は「家康や信雄、前田や上杉という煙たいところを先発させる」策を言下に答えた。秀吉は「如水は腹黒い奴じゃ、骨の髄まで策略だ」と感心もしたが怖れもした。

早春より始めた小田原攻めも夏が来ても落ちなかった。小田原城にはそれなりの準備もあり、今までの蓄積も物を言った。そこで、家康に惚れた如水が乗り込んで（武蔵、相模、伊豆三国の領有を許す誓紙を携え）和議の談判をすると、家臣一同の助命を乞う、無条件降伏にまで氏政の心は動いた。

しかし、裏切り者の松田憲秀を引き出して首をはねたことが、不満、不服従の表れと秀吉には認められ、誓紙は無視され氏政・氏照には死を命じ、(降伏した五代氏直は高野山へ蟄居) ついに北条氏は断絶することになった。和談を無視し、顔をつぶされた如水の心はひねくれた。秀吉をひがむ心はどうにもならずと。

・第二話　朝鮮にて

朝鮮遠征は一代の失敗だった。秀吉は信長以上の人物を知らないので、信長のすべてを学んで長をとり短をすてたが、朝鮮遠征も信長晩年の妄想で、その豪壮な想念がまだ血の若い秀吉の目を打った。それは信長晩年の夢、漠然たる思いで、戦場を国外へ広げるだけの情熱の幻想であり、国家的な理想とか、歴史的な必然性というものはなかった。

秀吉も余勢に乗りすぎていたことは、「狂人遺書」のなかで後悔の念が語られているように、やり始めたはいいが、明はいかなる国か、地理も歴史も知らない。無計画・無方針であった。

遠征に賛成の大名は一人もなく、三成も家康も不満であったが、秀吉は、死に至るまで朝鮮遠征の矛盾悲劇についてその真相の片鱗すらも知らなかった。

如水が唐入り(朝鮮遠征、大明侵攻)に受けた役目は軍監、参謀で如水壮年時代からの一枚看板であった。が、隠居すると、入れ換わるかのように独特の奇才を現わしはじめたのが石田三成であった。如水は隠居はしたが満々たる色気は隠すべくもなく、三成をバカにしていた。しかし、世の中はそういうものではない。昨日までの青二才が穴を埋めて立派にやっていき、昨日の老練家は今日の日は門外漢となり、青二才が老練家に変わっている。

組織というものは、如水のような優れた能力でさえも、いなければ次の人材が登場し、何の問題もないように運営されていくものなのだ。もはや、如水に出る幕はなかった。

総大将の浮田(宇喜多)秀家も、加藤(清正)も小西(行長)も(先陣争いで)、如水の軍略、否、存在すら問題にしないという有様。これでは、如水はふてくされるより仕方なく、帰国を申し出ることにした。とはいえ、まだまだと諦める如水ではなかった。

鶴松が死に、秀頼が生まれると、盲愛が他のいっさいの情熱に変った。京大坂での豪華な宴をくり広げている秀吉は、凋落の跫音におののいていた。朝鮮出兵の悔恨が、虚勢の裏側で暗い陰を広げていた。養子・秀次の心とて同じ。秀頼が淀君の腹に宿ったときから、連日の深酒と荒淫、陰鬱で魂は沈みこむばかりであった。

秀吉は大度寛容のごとくであるが、実際は小さなことを根にもって執拗な、逆上的な復讐をする人だった。千利休も殺し、蒲生家も断絶させ、切支丹禁教もした。父への謀反の疑いありと、秀次を高野山へやり切腹を命じた。秀次を殺してみたが、より大きな影は家康であった。秀吉は病に臥すと、五大老・五奉行に誓紙を血判でかかせ、死んでいった。

・第三話　関ケ原

秀吉の死去と同時に戦争を待ち構えた二人の戦争狂がいた。一人は如水であり、もう一人は直江山城守で上杉の番頭ながら三〇万石という大給料をもらっている。豊臣の天下に横から手をだす家康は怪しからぬという結論で、昔から嫌いであった。

この男を育てた謙信も大義名分も勤王も、全然嘘の戦争好きでしかなかった。信玄を好敵手とみて、戦争をたのしんだ。信玄には天下という目当てがあったので、田舎戦争などしたくなかったが、執念深く無性に戦争が巧く、それが京に上る足かせになった。真田幸村も直江山の高弟で、当時最も純潔な戦争デカダン派であった。

家康は秀吉の死を知ると、例のごとく神速の巻き、天下の異変に備えた。家康はまず時に乗り、生死の覚悟を決めた。まずは誓約を無視して諸大名との私婚をはかり、勢力拡張に乗り出す。

それに対して保守的で平和愛好家の前田利家は怒り、戦う覚悟を決めた。利家の常識家、穏健な保守派を天下の正義として押しつけられるのは家康にとっては迷惑だった。もっとも秀頼の幼少が家康の野心のつけこむ禍根であって、秀吉は豊臣家の世襲支配の制度、組織を作ってこなかったことが原因であった。というより、国内整備の完成を放擲してきた。

秀吉は手を広げる手腕はあったが、まとめあげる完成力、理知と計算に欠けていた。結局、利家は家康には見下され、そして不安なまま死んだ。

三成も落胆したが、その夜、黒田長政、加藤清正ら朝鮮以来三成に遺恨を含む武将たちが三成を襲撃、三成は浮田（宇喜多）の屋敷へはいり、さらに家康のところへ逃げ込んだ。家康は、追っかけてきた荒武者を何とかなだめて、三成を佐和山へと引退させた。そこに戦争マニアの直江山城守が密使を送り、挙兵の手はずをささやいた。

孤独な三成は家康の大きな性格、人望、長者の風格に敗北を感じていた。その通俗の魂を軽蔑し、それをとりまく凡くら諸侯の軽薄な人気を哀れんだが、通俗の現世的な生活力のたくましさに圧倒され、孤高だの純粋だの才能などの現世的な無力さに絶望した。これが三成の人望のなさに繋がっていた。

いつの世も、観念よりは通俗、無口よりは饒舌、理知よりは情念に敏感であって、大衆は残念ながら本質までを見ようとはしない。家康には既に目算があり、その通俗小説の練られた構想に修正を加えたり数行を加えたりすればよかった。

三成の苦心孤高の芸術性は家康の通俗性に敗北を感じつづけていた。この点に於いて、関ヶ原の趨勢は決まっていたといえる。

如水にもやっと乗り出す時がきたと（雌伏二〇数年）、青春の如くに亢奮したのだが、時代はとっくに通り過ぎていた。彼は、ただ時代にまれな達見と分別で家康の天下を見抜き、溢れるばかりの友情や友愛を義理厚く表現した。が、如水の全身はただ我執だけと家康は見抜いていた。

しかし、如水の献策忠言、三成を憎みながらも家康を信用しない清正や正則らを家康に勧誘、関ヶ原の一戦で、その勝敗を決した金中納言小早川秀秋の裏切りのお膳立てをしたのも如水であった。

関ヶ原の大乱起こるべしと、如水は長政に全軍をさずけ、九州中津に引き上げ「出陣用意」と怒鳴った。如水は、家康と三成が一〇〇日戦うと見越して、九州を一なめ、中国を平らげ、ふるさと播磨でとどまり、切り従えた総兵力を駆使、家康と天下分け目の決戦をやるつもりだった。

天下のドサクサ一〇〇日あれば、あわよくばと三〇年の見果てぬ夢に亢奮した。チャンスは、いつどこで転がってくるかは分からない。如水は隠居の身だとはいえ、まだまだ色気や野心は大いにあった。定年退職で第一線を退いたとしても、また違った分野では世に躍り出ることだってあり得ないことではないはずなのだ。人生は後半、いや最期に輝くこともあるのだ。そのチャンスを見逃してはならない。それまでが雌伏の時。爪を研いで狙いを定め機会とみたら弾を撃ちまくるのだ。

如水は、それから領内の浪人、町人百姓職人を集め、手柄を立て名を立て家を興さん者はと、自ら庭に出て金銀を与えた。如水の先見性は、まだ確かであった。

家康が江戸を動く前ながら、三成の陰謀は隠れもないと大友義統を生け捕り豊後を平定したが、その同じ日の九月一五日に関ヶ原の戦いは一日で片づいてしまった。

如水の落胆いかばかりかと思いきや、早速書簡を家康の懐刀・藤堂高虎に、「九州の三成等を攻め亡ぼしてみせるから、その攻め亡ぼした分を自分の領地にさせてくれるように、恩賞は倅とは別によろしく」との文面を送った。

かくて筑前に攻め込み久留米、柳川を降参させ、別勢は日向、豊前、薩摩にと九州一円を平定。悪夢三〇年の余憤、策と野心さめやらず。

独力で九州の三成党を切りしたがえた如水隠居の大活躍は、人々に驚異と賞賛を巻き起こしたが、それを冷やかに眺める人は、家康と如水であった。が、如水には一文の沙汰もなかった。高虎が見かねていると家康は「あの策士、誰のための働きだ」と呟くも、うやうやしく大坂に迎え、感謝と朝廷に申し上げ位をすすめ、上方に領地をと述べ、特別天下の政治に御指導を頼みますとのお世辞。朝廷の位など耳には快いが実はない。

如水はうやうやしく辞退。悪夢三〇年の余憤、策と野心さめやらずの如水であったが、
図抜けて分別の男でもあった。

「天下をとる野望は果たせなかったが、もう十分、人生の最期を楽しませてもらった。が、

如何せん、時代には逆らえん。致し方あるまい……」と観念したかどうか。

秀忠はその淡泊に驚き、「漢の張良とはこの人のことよ」と嘆声をもらして君臣に訓えたというが、それが徳川が如水に与えた奇妙な恩賞であったというのだ。

とはいえ、歳を取っても野望醒めやらぬ如水のこと、そう簡単に観念出来るものでもなかろう。中津での煩悶の日々はきっと長かったであろうと想像出来るのである。

人間が輝くとき・真田三代外伝の面白さ

～真田幸隆(幸綱)、昌幸、信幸(之)・信繁(幸村)たちの生き様に迫る～

長らく沈滞気味であったＮＨＫの大河ドラマが、「真田丸」で久々に人気沸騰のようである。上田城をはじめとする真田町周辺は、平成二八年四月時点で一〇〇万人の観光客を呼び込み、さらに増え続けている。二〇〇万人突破もすぐであろう。

これも、三谷幸喜脚本の昌幸、信幸、信繁のドラマ「真田丸」に与ってのことであろう。幕末・維新ものとしては異例のヒットを記録した「新選組！」以来一二年振りになる三谷組が戻ってきたわけだ。役者の個性をかなり色濃く出した演出もあって、実際は、こんなんじゃあるまいと思わせる箇所でさえも、リアリティーを与えてしまうところがミソであろう。三谷は、歴史上の人物で好きなのは、勝者ではなく敗者の方であって「新選組！」では近藤勇であり、今回では真田信繁（幸村）であると述べる。

軍師を大河で主人公として取り上げるのは、直江兼続、山本勘助、黒田官兵衛以来だが、竹中半兵衛、太原雪斎なども、戦国物ではしばしば登場しているし、真田家の面々も池波正太郎の『真田太平記』（この時は信之が主役）で登場している。

戦国という実力のみが支配する下克上の世では、軍略を指揮する参謀格の軍師こそが、主役であり主君さえも操ることが出来たのである。

さて、ここでは戦国最強と謳われた真田三代の活躍を俯瞰しつつ、時代小説の醍醐味を大いに堪能出来るようにストーリーの読みどころを押さえつつ解説を試みた。「真田丸」のお温習いをしつつ、お読み頂ければと思う。

・立川文庫の英雄

ところで、この真田幸村という人口に膾炙した名称だが、実は正しくはなく、ドラマでも信繁で一貫しているように、正式には（幼名は弁丸、源二郎といい）本名は信繁、真田左衛門佐である。幸村の名称は江戸期に成立の稗史『難波戦記』や『真田三代記』で用いられ、それが講談や立川文庫に引き継がれたらしい。元禄期に、豊臣に仕えた真田信繁という正式な名称の物語は許されるはずもなく、幸村という名で「講釈師見てきたような嘘をいい」の実録小説として『真田三代記』が幕府への大衆の不満のはけ口として登場したといえよう。

明治になれば「真田もの」は解禁になり、幸村は庶民のヒーローとなり、明治四四年（一九一一年）に大阪の立川文明堂より立川文庫が創刊されると、真田三勇士、十勇士のシリーズとして大ヒット、大坂の陣で大活躍の真田幸村他、忍者猿飛佐助、由利鎌之助、霧隠才蔵などが講談や活動写真で活躍することになる。

勿論、これらは実在したわけではなく、講談師の玉田玉秀斎（二代目）らによって創作された英雄たちであるが、これがすこぶる面白いものだった。大正期に多くの子どもたちによって読まれた立川文庫には、「知謀・真田幸村」の他にも諸国漫遊の「水戸黄門」や「一休禅師」、「大久保彦左衛門」、「荒木又右衛門」、「宮本武蔵」や「後藤又兵衛」など講談の古典が顔を揃えている。

当時一世を風靡していた講談の速記本を「書き講談」として出版したのが、庶民（特に年若の丁稚勤めのような下層階級、後小中学生に読まれた）の血を大いに涌かせ、一大ブームに繋がっていった。講談に多い侠客や義賊、人情話でなく、滑稽、武勇、忠節といった徳目をもって庶民大衆に親しまれたのである。

これから後、野間清治によって創刊される「講談倶楽部」に登場する吉川英治もこの流れをくんだ新講談の書き手であり、昭和の大衆文芸へと繋がっていくことになる。

・真田の家系・発祥の地　武田家と真田幸隆（幸綱）

ところで、真田三代とはいわれるが、そのルーツは、真田家中興の祖・幸隆にあった。先祖は、滋野一族の一派である海野氏の嫡流ということで、真田郷に住み、真田姓を名乗り、また古来より、小県・佐久地方は朝廷に献上する馬の産地である国牧（牧場）の管理者として真田の地を仕切っていたという謂れがある。武田信玄が注目したのは、この軍用馬の産地としての真田の生産技術にあったといっていい。

武田氏は、信虎、続いて信玄と信濃攻略に余念がなかった。鳥井峠を越え上野に落ちのびた幸隆だが、「真田三勇士」の忍者・猿飛佐助もこの辺りに生まれ、剣術・忍術の修行に励んだことになっている。後に幸村の家来になるのだが、勿論、これは立川文庫での架空の話。

信玄は、諏訪、高遠と落し伊那を平定すると、次は東信濃侵攻であった。真田郷を地盤とする土豪（国衆）であった幸隆は、この頃（天文一五、六年）信玄に臣従したらしい。そして、村上義清支配下の旧領の真田郷を取り戻し、さらに勢力を拡大することを狙ってもいた。

四度の川中島合戦の折り、上州侵攻を企て、その先兵となって働いたのが幸隆で、斎藤憲広の岩櫃城を調略した。この知恵で相手を倒す手法は子の昌幸に、そして孫の信繁（幸村）にも受け継がれていった。

信玄は三方ヶ原で織田・徳川連合軍を破ったものの、天正元年四月信州駒場で病死すると、跡目は勝頼が継いだ。幸隆も翌年に死に、真田家の家督も長男の信綱が継ぐが長篠の戦いで弟の昌輝と共に戦死する。

・真田昌幸の知略

真田家は、後継として三男の昌幸に任せることにした。昌幸は、人質として信玄に差し出されてはいたが、いたく気に入られ、家臣として武藤家を継ぎ、武藤喜兵衛尉昌幸を名乗って三方ヶ原でも活躍した。が、相続で真田姓に復した。

もしを考えることは禁物だが、信玄があと少し永らえれば、長篠はなかったし、信長も破っていた（か和睦した）であろうことを考えると、昌幸は武田勝頼を支える重臣になっていたであろうことは間違いない。武田幕府が成ったとすれば、織田信長も本能寺で明智に命を落とすこともなかったのではなかろうか。

上杉家では景勝が継ぎ、沼田城は北条の手に落ちた。が、昌幸は奪還すべく、矢沢頼綱に命じ、攻め落とした。以後、河岸段丘上の平山城として、長く真田の領地となった。長篠での敗北以降、武田の力は急速に衰え、木曽義昌の離反から織田に皆寝返っていき、新府城に退いた勝頼の運命も短かった。小山田信茂の岩殿城ではなく、昌幸の岩櫃城に逃れていれば、勝頼にも再起のチャンスは訪れていたかもしれないが……。

地方の小豪族（国衆）でしかない真田は、武田という後ろ盾を失った後は、「表裏比興者」と云われようとも、織田、北条、徳川、上杉と臣従する相手を次々に変え、生き残る術を探るしかなかった。

ところで、信州の小県の国衆・真田家がこれほどに有名になったのは、二次に渡る上田合戦であることはいうまでもない。第一次は、沼田領を北条へ渡せということで承服しかねていると、徳川は七〇〇〇の大軍で攻め寄せてきた。それを四分の一の（家臣や百姓も動員した）手勢で蹴散らした。正に昌幸の知略に満ちた奇襲作戦が功を奏したのであった。徳川の怒り収まらずも、重臣石川数正の出奔で助かる格好になったのは幸いというべきか。

そして、天正一三年、昌幸は信繁を伴い、大坂に上がり秀吉に謁見する。翌年、家康も上洛し、秀吉に謁見し臣従することになる。その見返りとして、秀吉は関東の全域を家康の支配地とした。さらに、昌幸には家康の臣下となることを命じた。昌幸は信幸も伴って駿府城に出仕した。一介の国衆から与力大名へなったはずなのだが、この時の昌幸の胸中や如何に……。

今まで、昌幸は「表裏比興者」と云われようと武田から次から次へと大名を変えつつも、戦いによって何とか真田の地を守ってきた。北条にも徳川にも手を触れさせず真田郷を守ってきたはずであった。それがいとも簡単に、皮肉にも憎き徳川麾下となって、安堵されることになってしまったのだ。

どこで、どう間違ったのか？　いや、間違ったのではない。地方の国衆を生き抜くことは、如何に困難なことか。弱小豪族の悲哀を厭というほど味わったに相違ない。思うに任せぬのが人生なれど、時代は既に戦国ではなくなっていたのだ。

・信幸（之）と信繁

それから信繁は秀吉に仕え、信幸は家康の家臣となり徳川四天王・本多忠勝の娘・小松姫を（徳川の養女として）正室に迎えることになる。これも昌幸の深謀遠慮に他ならない。

それから間もなく、秀吉の北条討伐・小田原攻めが始まり、昌幸も信幸、信繁を率いて参加、北条氏政は頑なに臣従を拒否し自害し滅亡、秀吉の天下統一がなったのだ。早雲から始まった北条家はここに途絶えたが、それも一つの生き様。氏康ならば頭を下げる器の大きさもあったはずなのだが……。

朝鮮出兵後、信繁は、豊臣家の重臣・大谷吉継の娘（春・竹林院）を娶り、男子が生まれると正室とした。このことにより真田家と豊臣家の結びつきは、より一層深くなっていった。

しかし、慶弔三年八月、秀吉の命が尽きるとまもなく、家康は発言力を強めていった。家康に反撥する豊臣恩顧の石田三成や上杉景勝に対し、まずは景勝討伐が命じられる。かの有名な兼続の「直江状」（果たし状）が家康を激怒させたことはいうまでもない。

そこで出陣を前にする真田の本陣に反徳川からの密書が届き、下野の犬伏に陣していた昌幸にも書状が届く。秀頼への忠節のために石田方に加わるようにとのことであった。生き甲斐をなくし、背も丸くなりかけていた昌幸に再び生気が甦ってきたのだ。

もう一度天下大乱が起こり乱世になれば、真田は信玄公の治めていた甲斐・信濃・駿河の国主になれる。人生の最後に、ひと花を咲かせる願ってもないチャンスが到来したのだ。人間、暇があっても仕事がなければ、老いていくのは早い。結果としては、昌幸と信繁は石田方に、信幸は徳川方につくことになった。俗にいうところの「犬伏の別れ」である。

徳川秀忠は会津に睨みをきかしつつ、三万八〇〇〇の兵を率いて上田城を攻めるも、またしても翻弄され落とすことができず（第二次上田合戦）、木曽川に着いたときには既に、関ヶ原の戦いは終わっていた。決戦五日後の到着では、家康に面会を許されるはずもなかったが、徳川方は半日で勝利した。負けるはずのない石田方の敗北には、原因があったのだが、ここでは触れない。

石田方についた昌幸と信繁は、家族、若干の家臣を伴い、高野山へ蟄居を命じられることになった。が、これは信幸の必死の助命嘆願あってのこと。やがて、麓の九度山で昌幸は死去。

昌幸にすれば、あとひと花咲かせて、それが無理なら、せめて上田に帰りたいと……死を前にすれば生きて楽しかったのは戦をしているときで、長く生きすぎたのかもしれんと……思いつつあとは信繁に託すのみであった。

信繁も孤独と困窮の日々を過ごすなか、真田紐の内職をはじめ、配下の者が全国へ売り歩いたらしい。初老になりて歯も抜け、髪も白くなり……と愚痴ともつかぬ戯れ言を呟く頃……蟄居して一四年が経過していた。

信幸は、徳川方についたことから沼田城主に、そして関ヶ原以後は昌幸の「幸」の字を捨て信之となって上田の藩主になっていた。また、信繁は父昌幸の「幸」の字をとって幸村と称した（との謂れもある）。

・信繁（幸村）の活躍

慶弔一九年も過ぎる頃になると、家康・秀頼の関係は悪化。信繁（幸村）のもとにも大坂から使者が訪れ、破格の金二〇〇枚と銀三〇貫を提供、五〇万石の大名として処遇すると。

長らく待った赦免にも期待が持てない状況もあり、ここに至ってやっとチャンス到来。幸村に、徳川へ一泡喰わせてやりたいという気持ちが、めらめらと沸き上がってきたとしても何の不思議もなかろう。リストラされたサラリーマンでも定年退職後の派遣社員にも、輝く人生はまだ在るのである。第二の人生も捨てたものではないのだ。諦めは禁物で、チャンスを掴む最後の最期まで爪を研ぐのだ。

ここで立川文庫の「知謀・真田幸村」によれば、豊臣家の重臣居並ぶ評定で、秀頼に仕えた木村重成りより「唐土の孔明、張良、我が国の楠正成に勝る御仁として、真田左衛門尉海野幸村殿あり」とまで紹介される。

とはいえ、軍師・参謀というより、傭兵隊長の身分であり、作戦会議に於いても策は入れられず。しかも、浪人多く派閥争いの大坂城内は全くまとまっておらず。槍の名人後藤又兵衛は幸村に同調、打って出る作戦を主張するが却下され、大野治長ら旧臣の籠城作戦の方になる。

しかし、幸村は、大坂城の南方に「真田丸」という砦を築き、徳川の攻撃を防ぐ作戦を立てた。これが見事に大成功、真田丸には敵が一歩も近づけなかった。

冬の陣も終り、和議が成立するも、大坂城は外堀を埋め立てられるばかりか二の丸の石垣までをも壊され裸同然の城に。狸親父・家康の面目躍如。

ついに、夏の陣では幸村は、死に場所を求めて家康本陣へ突入、攻撃を仕掛ける。差し違えても家康の頸をと「赤備え」の軍団が突入する。まさに死中に活を求める生き方。幸村四九歳。自身を博奕の材料にして、家康に挑んだ。まさに三途の川の渡し賃「六文銭」に生き筋を見出した最期の瞬間。家康をあと一歩のところまで追い詰めたのだ。

人間、誰しも自分自身を博奕の材料にしなければならない時期があるという。それを惜しいといって自分を投じなかったら、永遠に生き筋は見つけられないのだ。壮絶なる最期こそ、勲章であった。これぞ、勇猛なる武士として永遠に名を残すことになった。

幸村の息子大助も秀頼に殉じて切腹、また天晴れなる最期也。これ「日本(ひのもと)一の兵(つわもの)」といわれる所以也。

稗史『難波戦記』や『真田三代記』によれば、戦死したのは幸村の影武者（穴山小助）で、息子大助とともに秀頼を守って大坂城を脱出、薩摩に逃れ島津氏の保護を受け病死したことになっている。が、これは、英雄不死伝説を望む庶民の声の反映であったのだろう。

とはいえ、こんなみみっちい最期であっては、名は残せず、徳川という権力に非力をもって立ち向かったからこそ、庶民のヒーローになり得たのだ。幸村には、討死こそが相応しく、少しばかり永らえたところで、人生にいかほどの価値があろう。潔い散り際こそが、武士の誉れだと思われるからだ。

《P・S》
大坂五人衆について…。
秀頼が各地の浪人衆に声をかけて集めたのが、関ヶ原で敗れ、何とか失地回復、名誉挽回と野望を抱いた連中達。数にして一〇万余の武士と雑兵。烏合の衆でもあったが、各自の思いは徳川を倒し一旗を揚げることで一致していた。真田信繁（幸村）、毛利勝永、長宗我部盛親に加えて後藤又兵衛、明石掃部（守重・全登）が五人衆として合議して大坂の陣を戦っていくことになる。
もっとも、評定では、浪人衆の策は豊臣家と対立、退けられることになる。ここが如何ともしがたいところではあるが、この五人衆は大いに活躍する。

中でも後藤又兵衛は信繁（幸村）と図って出城を築き、最期の最後まで打倒・家康の頸を狙って戦った。彼らにとって、死は怖れるものではなく覚悟の上のこと。華々しく戦い、討死することこそが生き甲斐であったのであろう。

今回の「真田丸」のキャスティングで、又兵衛役の哀川翔が同年齢（五五歳）ということもあってか、はまり役であった。昌幸役の存在感ある草刈正雄の好演も外せないが。

あとがき

本が売れない時代になった。ということは本が読まれない時代という意味でもある。何しろ、今の世の中、本など読まなくても困ることはないし、愉しめるメディアは山のようにある。今更、活字離れを云々しても仕方ないが、新聞も同じ運命にあるといえよう。既にネットで情報を得ている者ばかりではなく、新聞など読まなくても自然に情報は様々な形で入ってくるので、全く困らないと嘯く者も多い。だから、新聞を読む必要性もないし、スマホで情報も入れば、新聞代などに廻す無駄金はないときっぱり言い切る若者達も多い。本も新聞も情報だけを提供するものでないことは確かなのだが、ほどなく新聞の個別配達などもなくなる可能性もないとは言えまい。まだまだ、団塊世代が顕在であるうちは大丈夫だろうが……。

ところで、本文のなかにも書いたが、年に何冊かのメガヒットやベストセラーは出て、話題となる本もあるが、発行点数からすればごく僅か。殆どの本の運命は、発行されて半年も経たずに、棚の隅に追いやられるか、返品されるかで、この世に存在さえしなかった如くでさえある。

筆者のように、ひっきりなしに新刊書店をはしごする者でも、見落としは多くて、ブックオフや古本屋巡りをすると、「いつこんないい本が出ていたのか」と気づくことが多い。奥付を見ても、二、三年前に発行されたものが殆どである。

大規模な宣伝や書店の平台などへ積み上げられないような本は、すぐに消えてなくなる運命にあるので、見落としが出てくる。今では文庫本なども殆ど同じ。が、これは致し方ないことで、そのためにリサイクル書店や古本屋があるのだ。だから、そこにお宝を発見したときの喜びは何物にも代え難いものがあるのだ。

長らく探し求めていて諦めかけていた雑誌の附録を、地方の古書店の平台で五〇円のシールが貼られてあるのを発見したときの狂気にも近い興奮は(「あった！ あった！」と、いい歳をしたじじいが小躍りして叫ぶ様はとても見てはおれないが……) 金持ちや古本趣味のない人達にはまず分かるまい。そういった喜びに浸れる機会は、めったにないし、数も少なくはなった。

かつては、神田詣でをすればそれなりの収穫はあったものだが、今は手ぶらで帰ることの方が多い。いい本は漁ってしまって、掘り出し物が底をついた感なきにしもあらずだが、こちらの興味関心がなくなってきたとすれば、歳のせいかとも思う。

今までは、植草甚一、谷沢永一、百目鬼恭三郎、鮎川信夫、向井敏、山下武、長谷川卓也、紀田順一郎、塩澤実信、植田康夫と先輩諸氏の読書通、古書悦楽ぶりを堪能してきた。それが一人去り二人去りして、鬼籍に入っていくのを見るにつけ、これからは、こちらが本を書いて恩返しをする番になってきたのかもしれないと思う。もはやプロだとかアマだとかなどといってはおれない状況になってきたと考える方が適切なのかもしれない。読みたい本は自らが執筆して提供していくのが義務のようにも思える気がしてきた。

有り難いことに、熱心な愛読者もいて手紙をいただくこともある。今後は、よりいっそう気を引き締めて、出版界や古本界にお返しをしていきたいと思っている今日この頃なのではある。ただ残念なのは、こういった書物コラムを発表する場が極めて少なくなっていることである。埒もない書痴の繰り言めいた駄文は御免蒙りたいが……。

本書に取り上げた内容は、新聞や雑誌、同人誌や個人誌に掲載した蕪稿のほか、書き下ろしを加えた。発表紙誌の関係で文体や記述の異なるものもあるが、そのままにして手を入れることはしなかった。その方が、当時の雰囲気が伝わると思われたからだ。また、差別的な用語が出てくるが、原作の表記にならったもので、何ら差別を助長するものではないことをご了承願いたい。

最後に、タイトルの『社怪学的読書論』について、ひと言ふれておきたい。前著に『本と読書の斜解学』があるが、これと同様、あまのじゃくでやぶにらみの精神の筆者は、まっすぐに観ることよりも斜めや怪しんで観ることにこそ、真実が見出せるのではあるまいかと考えている。
正統より異端、正史より稗史、定説より異説、西洋医学より東洋医学、科学より超科学に興味関心の対象があるからである。

また、副題の「シニアのための身になる図書室」は、定年退職を迎えたシルバーエイジやいずれ、誰もが迎えざるを得ない中高年に、無為になりがちな平凡たる日常に張りをもたせるためのヒントとなる文章も入れたことによる。仕事のなくなった現実は一抹の寂しさもあるが、自由で豊穣な時間がある。人生の後半をを少しでも豊かにするには、自己の興味関心ある事柄を気ままに（しかし目標と多少の緊張感をもって）取り組むことであろうと思う。無用の人であればこその愉しみもあるのではなかろうか。

これからも社会を、世の中の出来事を「雑書濫読・縦横無尽」とまではいかないまでも、偏屈でへそ曲がりの精神で、斜めから怪しんで観察し、著述していくつもりである。

最後は例によって山下武の言葉をもって結びにかえたい。
「惜しみなく時間を消費し、得心できる仕事をすること……いついかなる場合にも」

植沢淳一郎

二〇一七年八月吉日

植沢淳一郎（うえざわじゅんいちろう）
本名：米山哲雄　山梨県生まれ。コピーライター、雑誌エディターを経て、公立学校教員として勤務。総合教育センターでは研究員として教育相談・臨床心理学を専攻。平成 27 年公立学校長を退職。JADP 認定上級心理カウンセラー。
論文：「過剰適応と社会不適応」「社会不適応対応の諸相」（平成 10 年「総合教育センター 50 周年記念研究論文入賞」）。小説：「デジャ・ビュの中の古本屋」（平成 29 年「山梨日日新聞新春小説入選」）。現在、古書ミステリ同人誌『幻影』の編集発行人。著書には『雑書濫読』『本と読書の斜解学』『読書・満漢全席』などがある。

社怪学的読書論
シニアのための身になる図書室

平成 29 年 9 月 10 日発行
著者 / 植沢淳一郎
発行者 / 唐澤明義
制作 / 株式会社ブレーン
発行 / 株式会社展望社
〒 112-0002 東京都文京区小石川 3-1-7　エコービルⅡ 202
TEL:03-3814-1997 FAX:03-3814-3063
http://tembo-books.jp
印刷製本 / モリモト印刷株式会社

ISBN978-4-88546-331-0　定価はカバーに表記